ビジネス難問の解き方

壁を突破する思考

唐津 一

Karatsu Hajime

PHP新書

ビジネス難問の解き方

壁を突破する思考

唐津 一
Karatsu Hajime

PHP新書

はじめに

問題を発見し、解決していく手順、これが本書のテーマである。

我々は日頃、ビジネスの場や生活のなか、大きくは国政のなかでも、解決を要求される問題に次々と直面している。これらの問題を指摘するだけでこと足れりとする人もあるが、最も重要なことは、これらをひとつずつ解決していくことである。

日本はずいぶん問題が多い国だという指摘がある。しかし問題があるということは、これを解決すればさらに良い結果になるという意味だから、むしろ指摘は歓迎すべきなのである。また、問題が見えているということは、我々が全力をあげるべき目標が示されているということだから、元気さえ出てくる。

かえって厄介なのは、誰も気がつかない問題が横たわっている場合だ。問題を発見できるかどうかがビジネスの成否を決定するといわれるゆえんである。

本書はこのような立場から、とりわけ私が直接関係して成功した、または失敗したビジネスケースの実例をできるだけ挙げて、そこから何らかの解決の方法を学んでいただきたいと思って書いたものである。

なかには、そんなことははじめからわかっていることではないか、と思われる例もあるかもしれない。しかし、それらもすべてあからさまに紹介したのは、問題の発見には手順があることを知ってもらいたいからである。

我々は、つねに昨日よりも進歩していかなくてはならない。進歩とは変わることである。それには手がかりを見つけ、問題を発見し、解決していかなくてはならない。その発想の基本は、問題をどう受け止め、どのような新しいやり方を考え、現状を改善していくか、という手順にある。

読者各位の参考になれば幸いである。

二〇〇二年春

唐津　一

ビジネス難問の解き方　**目次**

第一章　思考の進め方

第二章　情報戦を制する

第三章 アイデアを設計する

第四章

決断の方法

序章

問題解決とは何か

時代とかけひきした男

「戦わずして勝つ」――古代中国の兵法家・孫武《そんぶ》が著したとされている『孫子』では、軍事軍略の第一義をこう教えている。天下国家の将来を思えば、敵味方とも無駄に血を流さず、できる限り力を温存することが最善である。目的はあくまで利害対立のなかで優位に立つことであり、戦争はそのための手段のひとつに過ぎない、というわけだ。

蒙古襲来以来の国難といわれた明治維新の動乱において、当時世界有数の大都市であった江戸の街が戦火をまぬがれた江戸城無血開城のいきさつは、おおいに参考になる。

それは、一八六八年（慶応四年）四月の出来事であった。同年一月には、鳥羽・伏見の戦いにおいて官軍が旧幕府軍を撃破し、その勢いはすでに江戸の間近にまで迫っていた。このとき、官軍の参謀である西郷隆盛との談判にあたり、至難と思われた講和をなしとげたのが旧幕府陸軍総裁・勝海舟である。三日間の交渉の末に、すんでのところで官軍の総攻撃は中止され、江戸城は無傷のまま明け渡された。もしも戦端が開かれていたら、両軍はもとより、罪もない江戸市民にまで甚大な被害がおよんだことは間違いない。

旧幕府側にとって、負け戦を和平にまでもちこめた最大の要因は、勝海舟の硬軟を使い分ける巧みな交渉力だった。勝は若い頃から幕臣として重用され、さまざまな外交交渉の席に引っ張り出されていたが、そうした問題解決の経験知がこの歴史的な会談に際して、大いに威力を発揮したのである。

当時、旧幕府側には、徳川家の処分に強硬な姿勢を見せる官軍に対して、徹底抗戦を叫ぶものも少なくなかった。しかし勝には、何としても戦争を食いとめなければならないという危機感があった。ペリー来航以来、日本は激しい外圧にさらされていたからである。

ここで国を二分する争いが起これば、当然諸外国はそれにつけこんでくる、経済的・軍事的に蹂躙《じゅうりん》され、日本は植民地化されてしまうかもしれない——咸臨丸《かんりんまる》でアメリカに渡り、幕閣のなかでも際立って国際情勢に明るかった勝は、当時の日本がおかれていた立場を的確に把握していたのだ。

いまは日本人同士で戦争などしている場合ではない——会談に先立って、勝は官軍に使者を送り、自分の見解を西郷に伝えている。西郷隆盛という男の人格を見極めたうえで、相手の良識に訴えたのだ。ここまでは、いわば正攻法の交渉術である。

しかし、これは勝の綿密な戦略の一端に過ぎなかった。

戦いを避けるために、戦いに備える

官軍が江戸総攻撃にかたむくのを察知していた勝は、一方で、開戦の準備を着々と進めていた。戦争回避を説きながら軍備を進めたのでは、相手に信義を疑われかねないが、交渉が決裂した場合に備えて「和戦両様」の構えをとったのである。これを権謀術数ととるか、現実的な判断と見るか――。

驚くべきことに勝は、もしも官軍に攻め入られたら江戸市中を焼き払うように、火消しの頭領・新門《しんもん》辰五郎に命じていた。ロシア軍がモスクワに火を放ってナポレオン軍を撃退した、あの焦土作戦に倣《なら》った捨て身の戦術である。

もちろん、江戸市民を犠牲にするつもりだったわけではない。同時に隅田川河口に漁船を集め、米や味噌を大量に買いつけさせた。戦火を避けて、人々を安全に疎開させるための用意である。

さらに、徳川家の存亡を何よりも案じた勝は、いざとなれば、第一五代将軍慶喜をロンドンに亡命させる手はずまで整えていた。イギリス公使パークスに頼んで品川沖に軍艦をさし回したのは、そのためであった。

こうしたいくつものオプション（代替選択肢）を手中にしのばせたうえで、勝は戦争を避けるべく、西郷との会談に臨んだのである。

はたして和平交渉は成立した。江戸城を明け渡したとはいえ、旧幕府側にとってそれは織り込み済みであった。むしろほとんどすべての要求を西郷にのませたのだから、どちらがより多くの利を得たか、どちらが戦わずに勝ったかは明白である。

この江戸城無血開城のエピソードを冒頭で紹介したのはほかでもない、本書の主題である問題解決のケーススタディとして、きわめて示唆に富んでいるからだ。ここでは大きくふたつのポイントを指摘しておく。すなわちその第一は、いかに状況の変化を読みとり、対策を立て、決断するか――かけひきや説得の技術を含めた、広い意味での「情報の取り扱い方」を知らなければ、難局に際して最善の手を打つことはかなわない、という点。第二は、その最善手以外の手を、たえず手中にしのばせておかなければならない、ということである。

環境への適応が問題解決の本質

ところで、問題解決の方法については、意外に気がついていない大切な考え方がある。それは、環境への適応ということである。

私たちは毎日、大小さまざまな問題にぶつかり、それを何とか切り抜けながら生きている。「パソコンで電子メールを送るにはどうすればいいか」とか、「得意先まで電車で行くには、どの路線を使えば一番早いか」といった程度の問題なら、そう苦労はしない。いつ、誰がやっても答えは変わらないし、時刻表やマニュアルに従えば、自分ひとりで主体的に解決できるからだ。1＋2とか、3×4といった簡単な算数の問題を解くのと、基本的には変わらない。

しかし、本当に重要な問題はそう単純ではない。

問題解決の本質とは何か——外交・軍事はもとより、企業経営から職場や家庭内のトラブルにいたるまで、すべて相手や条件のあることで、自分の思い通りにはならないのが常だということである。

自分では最善だと思っても、相手に逆の手を打たれれば最悪の結果になりかねない。また、同じような場面に出会っても、相手が違えば答えはすべて違ってくる。当たり前のようだが、他者との関わり合いのなかで問題の解決を考える、環境適応の発想が求められるゆえんである。計算式にたとえるなら、自分を取り巻く環境の変化という「変数」がいくつかあって、そこに正確な情報を代入しなければ、答えを間違ってしまうのだ。

名誉欲にかられたり、第三者の手前、意地を張って行動を起こすと、たいてい失敗に終わるのはそのためだ。自意識過剰になり、周囲の動きや思惑など、環境からの情報が入らなくなるからである。

日本のスポーツ選手は、試合前のインタビューなどで「相手は関係ない、自分のプレーをするだけです」という言葉をよく口にする。一見頼もしく聞こえるが、じつはこれがあぶない。対戦相手がそれを読み切って、万全の対策を講じてきたらひとたまりもない。

試合に勝つことをひとつの問題解決と考えれば、相手の調子や出方を探りながら、それを上回るにはどんなプレーが必要かを、臨機応変に選択しなければならないはずだ。いくら自信があっても、「自分のプレー」が勝つための正解とは限らない。そういうのを〝ひとり相撲〟というのである。

問題は利害の対立から生まれる

この社会は、個人、企業、国家など、あらゆるレベルの構成員がつねに協力し、また対立するというコンフリクト（葛藤）のうえに成り立っている。一方が得をすれば、他方が損をする「ゼロ・サム」の状態がふつうであり、政治家がよく言う「最大多数の最大幸福」というようなものは、現実からかけ離れた夢物語に過ぎない。とはいえ、誰もが自分だけは損をしたくないと思っているから、いたるところで人々の利害がぶつかり、からみあう。そこに問題が発生するのだ。

いいかえれば問題解決とは、常識や道徳の規範では単純に白黒をつけられない、なまなましい現実との闘いにほかならない。それこそ、生き残りをかけた食うか食われるかという場面になれば、白黒をつけるどころか、黒も白といいくるめるぐらいの手練手管が必要になってくる。

たとえば、誰もが何食わぬ顔で使っているのが、ブラフ（脅迫）による問題解決である。「脅迫」とは穏やかでないが、ハーバード大学のビジネススクールでも教えている、経営理論あるいは意思決定理論のひとつの成果である。もともとはトランプのポーカーゲームで、自分の手が相手より弱いことを知りながら、賭け金を一気に吊り上げ、自分の手が勝っているように見せかける技術をいう。要は、はったりで心理的に追い込むかけひきだ。交渉事で効果的に使えば、一気に優位に立てる。

商売を例にして説明しよう。

目下の不況は明らかに消費マインドの冷え込みによるものだが、では、なぜお金が使われなくなったかといえば、答えは簡単、朝から晩まで「不景気、不景気」とわめきたて不安を煽るからだ。こうなると、消費者は財布のひもをいかに締めるかを考え、逆に企業はいかにゆるめさせるかに頭を悩ます。いってみれば、企業と消費者の利害が鋭く対立し、商いの現場はまさに食うか食われるかの状況になっているのだ。こうした場面では、ブラフの技術が頻繁に繰り出される。

「人気商品を超お買得価格でご提供。ただし先着三〇名様までとさせていただきます」

「こんな世の中ですから、何が起こるかわかりません。保険への加入をお考えになっては?」

「リストラ時代をいかに乗り越えるか。全サラリーマン必読の一冊」

「この映画を見ないと、あなたは流行に乗り遅れる」

こうした売り文句はすべて、直接あるいは間接の脅迫である。「こうしないと損をしますよ」

というメッセージが言外に含まれているのだ。なんだ、そんなことか、と思うかもしれないが、それほど身近に使われている手口なのである。

「死の商人」が暗躍する世界の現実

利害対立こそ問題の根源――いまも世界中で絶えない地域紛争は、その究極の形といえるだろう。

そうした紛争のニュースを見るたびに思うのは、経済的に貧しいはずの当事国の軍隊がなぜ先進的な武器を持てるのか、ということである。現物を供与されるか、資金援助を受けるか、いずれにせよ誰かスポンサーがいなければ調達できないだろう。実際に武器を売りつける連中がいるはずだ。戦争の陰でかならず暗躍する「死の商人」である。彼らにとっては、武器が売れさえすれば、買い手の国籍などどうでもいいにちがいない。

そして、いよいよ紛争の被害が拡大してくると、国際的な援助ということで、善意の国々から救援隊が派遣される。ところが、よく気をつけて見ていただきたい。そうした救援隊は、兵器を売りつけた連中と同じ国籍という例が多いのだ。何のことはない、これではマッチポンプである。

以前、ある英字新聞にこのことを書いたら、傑作なイラストを添えてくれた。大きな船がどこかの国を目指して急いでいる、甲板の前方には戦車や機関銃を積み、うしろには救急車や包帯を山と積んで——というものである。まさしく〝漫画〟だが、これが、利害が錯綜するこの世界の現実なのだ。

冒頭で取り上げた勝海舟は、

「誰を味方にしようなどと考えるから間違うのだ。みんな敵がいい。敵がないと、事が出来ぬ」

という言葉を残している。平和な日本にいると忘れてしまいがちだが、思えば、生きとし生けるものはみな、苛烈な生存競争の渦中にある。周囲のすべてを競合相手とみなし、相手の出方によっては対応を一八〇度変えるぐらいでないと、競争に勝ち抜くことなどできるはずがない。

たとえばアメリカあたりの外交交渉を見ていると、あの国は国益のためなら、人を二階に上げておいて梯子《はしご》を外すようなことを平気でやってくる。

日本は正直だから、こうしたやり方にたびたび煮え湯を飲まされている。もともと、外交、すなわち国家間の問題解決とは、そういうものなのだ。国益を優先しようと思えば、昨日の友も今日は敵、他国への信義などという建て前論は二の次になる。つまり、現実主義こそが行動原理であり、だまされたくなければ、こちらもそのつもりでつきあうしかない。

肝心なのは、問題の背景に利害対立がある以上、その対立を避けていては問題解決ははじまらない、ということである。しかし、「和をもって貴しと為す」日本人は対立を好まない。もっと言えば、対立の緊張感に耐えられない。外交交渉でアメリカにちょっと圧力をかけられると簡単に本音をはいて譲歩してしまう、こうした国民性も影響しているのかもしれない。「日本の外交はかけひきを知らない」とある新聞に書いたら、大きな反響があった。

アジアの論理は「人権」よりも強し

ところが、そうしたアメリカの強気の交渉術が通じない相手がある。それは、欧米とは価値観が根本的に異なるイスラム圏や、日本を除く東アジアの国々である。とりわけ、四〇〇〇年もの治乱興亡の歴史がある中国には、さしものアメリカも外交戦略のうえでほとんど歯が立たない。

そのことを強く印象付けたのが、一九八九年に起きた天安門事件だった。国内の民主化運動を武力で制圧したこの事件は、開放経済路線を進める中国にとって深刻な外交問題に発展した。

アメリカはこのとき、期限切れが迫っていた最恵国待遇の延長を楯に、中国の人権抑圧を追及する強硬姿勢を見せた。しかし、中国がこの圧力に屈しなかったため、結局は腰砕けになってしまった。その直後、中国は思いもよらない反撃に打って出る。アメリカのボーイング社に対して、旅客機を大量に発注すると発表したのだ。これでは、アメリカがふり上げた拳《こぶし》を下ろしたのは航空機と引き換えに人権を売ったからだ、と諸外国に受け取られても仕方ない。実際に裏取引があったのかは、私たちには知る由もないが、世界に与えたこの印象はぬぐえない。欧米流の現実主義を逆手にとった、中国の老獪《ろうかい》な交渉術である。

中国は、この天安門事件で国際社会の非難を一身に浴びたものの、少なくともアメリカとのかけひきにおいては互角以上にわたりあい、メンツを保ったといえるだろう。

この一件に限らず、アメリカは自国の国力を過信しているため、利害が対立する相手に対して、委細かまわず強気に出るふしがある。つまり、問題を解決するのに、やたらとブラフ(脅迫)を使うのだ。だから、世界中いたるところで摩擦を起こす。一九六二年のキューバ危機は何とか乗り切ったが、同じ手を使って、あのベトナム戦争の泥沼にはまっていった。

問題解決が決して力の論理ではないことは、次の事例からもわかる。一九九四年、小国シンガポールとアメリカとのあいだにこんな問題がもちあがった。

駐車中の自動車にペンキや生卵でいたずらをしたアメリカ人少年に、シンガポール当局があの悪名高い〝むち打ち刑〟を決定したのである。当然、人権国家アメリカが黙っているわけがない。在米シンガポール大使館には抗議が殺到し、ついにクリントン大統領自身が減刑を要求する騒ぎにまで発展した。ところが、シンガポール政府に「内政干渉だ」と逆ねじを食わされ、結局、刑は執行された。

世界が注視するなか、かけひきの〝切り札〟を握っていたのはシンガポールだった。むち打ちの刑は非人道的だ、と非難するアメリカに言わせるだけ言わせておいて、「こうした制度のおかげで、ここはニューヨークのようにならずにすんでいるのだ」とやり返したのである。痛いところをつかれたアメリカは二の句がつげなかった。しかも、一連の応酬が全米で報道されるや、アメリカ国内でさえ「犯罪が凶悪化しているわが国にこそ、こうした厳罰が必要だ」といった論調が増えたのだから、これではワシントンも形無しである。

国際競争を勝ち抜く切り札とは

問題解決において何より大切なのは、状況の変化や競合相手の出方を読み、それに応じた手を繰り出すことであるのは、すでに述べた。言葉を換えれば、戦略的思考である。

切り札をもって敵の弱みをつく。あるいは誰もまだ目をつけていない変化に着目して、先手を打つ。そうしたインテリジェンスがなければ、いくら強いカードをもっていても宝の持ち腐れである。

世界経済のボーダーレス化が進むなかで、日本の産業界は、いかにして激しい国際競争を勝ち抜くか、という問題に直面している。とりわけ製造業は、人件費の安い東アジア諸国に追い上げられ、苦戦を強いられている、というのが昨今の定説である。

こういう意見をしたり顔で言う人には、しっかりしてくれと言いたくなる。日本のものづくりには、競争に勝ち抜くための切り札がちゃんと備わっているのだ。問題はむしろ、それを切り札として生かしきれていないという点にある。

以前、パリで会議に出席した際、ひとりのフランス人から質問を受けた。

「昔は日本製品は安いということで世界中に売っていたが、いまはけっこう高い。なのに、どうしてよく売れるのか」

という質問である。私は即座に、

「日本のメーカーが一級品をつくっているからだ」

と答えた。すると相手は、重ねて聞いてきた。

「では、一級品とは何か?」

それは壊れないものだ、と言ってやったら、質問はぴたりと止んだ。

賢明な読者なら、この〝皮肉〟の意味はおわかりだろう。まったく向こうは車にしても、何にしてもよく故障する。ところが、日本製品はほとんど故障しない。なぜか?　これには決定的な証言がある。

マスコミは日本の実力を正しく伝えていない

以前、故小渕首相の直轄のもとに設置された「ものづくり懇談会」で座長をつとめた際、神戸大学の加護野《かごの》忠男教授とご一緒する機会があった。その加護野教授が韓国へ行ったときのことである。韓国の自動車メーカーのある部長が言ったそうだ。

「韓国がいくらシャカリキにやっても、日本の車には歯が立たない」

教授が理由を尋ねると、日本のメーカーでの勤務経験もあるというその部長はこう告白した。

「韓国の生産現場では、目につかないところで手を抜く」

この話は非常に重要である。壊れない一級品をつくるには、手抜きがあってはダメなのだ。モノはうそをつかない。たとえ外からは手抜きが見えなくても、結局、品質の差となって表れてしまう。

つまり、成長著しい東アジア諸国にとって、品質管理はいまだ克服できない弱点なのである。逆に、一級品をつくるのが当たり前の日本にとっては、品質の優位性は、依然として他の追随を許さない切り札だといっていい。日本の製造業が一級品の生産に成功した理由をさらに突っ込んで見ていけば、これからの大競争時代に日本はどうすればよいかという問題の答えも見えてくるはずだ。

ところが、政府もマスコミもこうした情報を正しく伝えていないため、日本の一般大衆はもちろん、国際市場に対しても、日本の製造業は高コスト体質だという、現実とは違う印象を植えつけることになってしまった。途上国の追い上げよりも、むしろ怖いのはこうした世間の空気である。先ごろの対中国へのセーフガード騒動も、日本の産業はもうダメだという潜在的な不安感が引き起こした過剰反応ではないかと、私は見ている。

ことに外交上の問題は、何か事が起きてから手を打っても遅い。事前に自国に有利なムードを醸成し、問題解決の下地をつくっておくことが重要である。そのためには、競合相手になりうる国々に対して、日本にはどういう切り札があるのか、日頃から社会の認識を深めておく必要があるだろう。

品質を上げれば原価は下がるという真実

たしかに日本の人件費は、中国あたりに比べると五倍から一〇倍も高い。それなら自動車も中国でつくればさらに安くできそうなものだが、そうはいかない。「一級品」ができないからだ。しかも、ここが非常に重要なポイントなのだが、一級品のほうがじつはコスト・パフォーマンスもすぐれている。

品質管理を高め、いいものをつくるほど原価を抑えられる――一見、矛盾するように思えるが、よく考えてみればごく当たり前のことである。

たとえば、簡単な日曜大工を頼まれたとしよう。簡単だからといって、手間を惜しんで適当にかたづけようとすると、トラブルが起きて二度手間になったり、無駄な出費がかさみやすいことを、私たちは経験的に知っている。「急がば回れ」という通り、準備を入念にし、手順を踏んで事を進めることが、結局は余分なコストを省く最良の道なのだ。

以前に、中国のあるガス器具の工場を見学したことがある。案内してくれた担当者は、

「うちの製品は非常に優秀です。検査を厳重にやっていますから」

と言って、胸を張った。なるほど、ガス器具の場合はいっさい不良が許されない。ガスが漏れたりしたら大変なことになる。そこで、できあがった品物をとにかく入念に検査するわけだ。何とこの工場では、同じ検査を二人が二回ずつ行なっていた。

それだけではない。驚いたことに、その検査が正しく行なわれているかを〝検査〟するために、ラインの後ろにも監督がついていたのである。

こうした光景は日本のものづくりの現場では、絶対に見られない。日本の工場はほとんどノーチェックで製品を出荷している。生産ラインを設計する段階から、あらゆるトラブルの可能性をシミュレーションし、対策を講じているためだ。ラインの完成度が高ければ、当然のこと、検査に手間をかける必要はない。

逆に、先の工場のように厳重な検査を行なうのは、それだけラインが未熟で不良品が出やすいからだともいえる。実際に不良品が出るとラインが止まり、生産能率はがた落ちになる。い

くら人件費が安いとはいえ、検査コストばかりかかって生産性があがらないのでは、日本をはじめとする工業先進国に伍することはまだむずかしい。

いまや日本のものづくりの現場では、不良品を出荷しないのではなく、はじめから不良品を生産しないことが現実的な目標となっている。「不良品は出るものだから、しかたない」という固定観念を取りはらい、ラインの設計という根本部分から管理システムを改革してきた成果である。問題解決は、現状の枠内で改良をはかるより、ゼロから発想したほうが往々にしてうまくいくものだ。

「技術タダ乗り論」のウソ

考えてみると、ものづくりのプロセスはまさに問題解決そのものといっていい。

いくら画期的な発見やアイデアがあっても、新商品というのはそう簡単に開発できるものではない。原理を〝商品化〟するとは、それを市場という厳しい環境に適応させることにほかならないからだ。

消費者の嗜好やニーズはもちろん、業界の動向、自社の生産能力といった多様な環境因子を分析し、その制約のなかで品質、デザイン、価格などを最適化していかなければならない――机上のアイデアを売れる商品として形にするまでには、それこそ数限りない技術とノウハウが要るのである。

ところで、「日本は他国のキャッチアップは得意だが、オリジナルの技術はない」という定説がある。いわゆる「技術タダ乗り論」である。かつてはたしかにそういう時期もあったが、現在はまったく違う。日本の技術は猛烈なスピードで自己改革を続けているのだ。

その証拠として、日本の企業が研究開発にどれだけ投資しているかを知ってほしい。ここ数年、不況下にもかかわらず、驚くべきことに日本の民間企業の研究開発投資は増えつづけている。一九九八年（平成一〇年）の数字で、ついに一六兆円に達した。GDPの三・二パーセントに相当する規模である。この数字はアメリカやドイツを上回り、世界でもトップの水準を保っているのだ。

莫大な投資の効果は次々と表れている。一九九三年から日本の技術収支は黒字に転じた。いまでは日本の技術の輸出は海外からの輸入件数の二・二倍というものすごい黒字になっている。いまや日本は世界に冠たる技術輸出国であり、日本の技術を世界中の国が買っているということ、この事実はもっと世間に知られていい。

ところが、根が正直だからだろう、マスコミに技術タダ乗り論を吹き込まれると、日本人はなるほどと信じてしまう。そうか、われわれはモノをつくるのはうまいけれど、その技術はよそから買っているだけなのかと。これは、日本の技術力ひいては日本経済の根幹にかかわる、

主な国別技術交流（技術貿易）の構成比（1998年度）

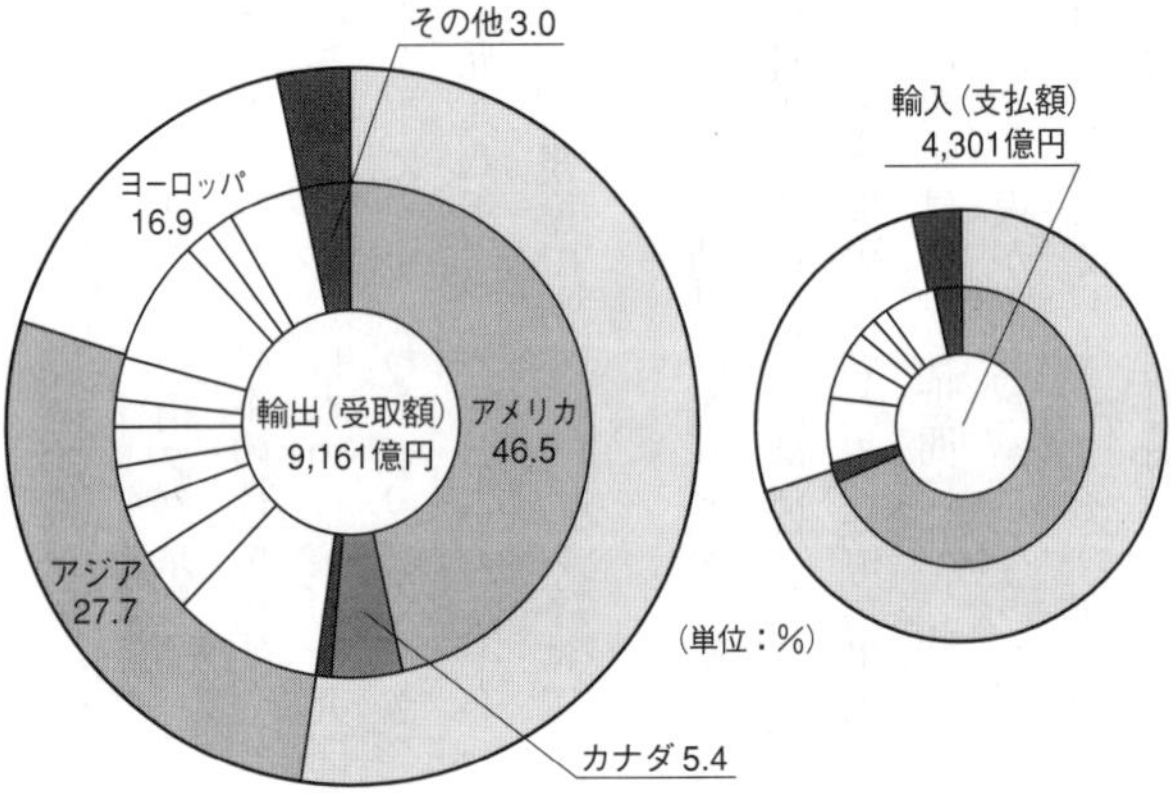

参考資料：日本政策投資銀行

由々しき問題である。

円グラフを見てほしい。日本の技術貿易の相手国別の構成比であるが、注目すべきなのは、日本の技術の最大の〝顧客〟がアメリカだという事実である。日本の技術を世界で一番買っているのは、ほかならぬアメリカなのだ。もちろん、日本もアメリカから技術を買っている。ところが、その比率は日本が一・九倍の黒字になっている。

原理だけでは新商品は生まれない

では、なぜ技術輸出がここまで大幅に伸びたのか。大きな原因は、やはりIT革命にある。というのは、IT化を推進し、コンピュータや情報家電などの製品をつくるには、日本の技術を使わなければできないケースが増えているからである。

その典型的な例が液晶パネルである。携帯電話やパソコン、テレビなどに組み込まれ、いまや日本が最大の強みを発揮している重要な生産品目のひとつであるが、この原理を最初に考えたのはアメリカのＲＣＡ社であった。しかし、彼らは技術的な問題から実用化を断念し、この貴重なシーズを見捨てた。これを商品としてものにしたのは日本の会社である。だから、液晶パネルをつくろうと思うと、あらゆるところで日本のパテントにひっかかる。パソコンのディスプレイも、ブラウン管の時代から液晶パネルの時代へと変わりつつあるが、そうなると日本の液晶パネルを使わざるをえない。原理特許をおさえられていながら、生産に必要な関連特許を有する日本は莫大な収入を得ることができるわけだ。

ビデオデッキの分野で幅を利かせるＶＨＳ方式の特許は、日本のビクターのものである。この特許収入は年間だいたい一〇〇億円にまで達したといわれている。携帯電話のリチウムイオン電池、これは原理特許も日本がおさえ、開発生産を軌道に乗せたのも日本である。

ひらめきや創造力だけでは、ものづくりは成し遂げられない。原理がわかっていても、それを製品化する過程においてさまざまな問題が生じるからだ。経験、勘、忍耐、工夫……、およそありとあらゆる労苦がその問題を解決するために投じられる。新商品の開発とは、そうした問題解決の軌跡の全体をいうのだ。原理の発見は端緒に過ぎない。

第一、技術タダ乗り論を持ち出すなら、アイデアを考えた国がちゃんと製品にすればよかっただけのことである。液晶パネルにせよ、半導体用のシリコンにせよ、アメリカは「儲からないから」という効率至上主義で開発をあきらめてしまった。だから、自然と日本のシェアが上がったのである。

日本有数の総合電機メーカーである東芝の研究所には、かつてこんなスローガンが誇らしげに掲げられていた。

「ノーベル賞を狙え」

その意気込みたるや、いかにも「技術の東芝」らしい。しかし、名経営者と謳《うた》われた岩田弐《かず》夫《お》の社長就任を機に、このスローガンは廃止された。岩田が新社長として研究所をはじめて訪れたとき、この標語を見てただちにはずさせたのである。

〈東芝はあくまでも一私企業であって、象牙の塔の研究機関ではない。企業の本分は、歴史に残るような発見をすることではなく、マーケットにマッチした製品をつくり、世に送り出すことにあるはずだ。追求するべき目標は消費者の評価であり、そこから生まれる企業の利益である。ノーベル賞などでは断じてない〉

岩田の怒りの理由はそこにあった。

たとえノーベル賞級の発見でも、それを〝製品《もの》〟にして売ることができなければ何の意味もない。製品にできるかできないか、そして、できた製品が売れるか売れないか――つきつめれば、ものづくりの評価基準はそれしかないのだ。まさしく結果がすべてである。そうした現実との闘いを通して、日本の技術は世界のトップレベルの競争力を有するまでに高められたわけである。

第一章

思考の進め方

意思決定の条件とは

私たちはなぜ問題というものにぶつかるのか、それを解決するとはどういうことなのか——環境への適応という問題解決の基本原理がわかったところで、次は具体的な方法論について考える。

以前、私が出演したあるテレビ番組で、「トップに必要な能力は何か」という視聴者アンケートをとったことがある。スタジオと全国の視聴者をインターネットでつなぐインタラクティブ（双方向）形式の生番組だったから、アンケートの答えはたちまち返ってきた。

そのなかで断然多かったのは、「決断力」という回答であった。

未来のことは誰にもわからない。予測するといっても、過去に属する情報や知識を使ってのことだ。それをもとに、直面する問題に答えを出していかなければならない。それが、トップの使命である。

ところが、世の中はうるさい。決断しようとすると、どの道を選んでも、そちらへ進むとこういう悪い結果を招くだろう、とケチをつける人がかならず出てくる。そうではないのだ。シナリオを書くだけなら誰にでもできる。国家であれ企業であれ、組織というものはたとえ先が見えなくても方向を決め、前に進むことが重要なのである。だからこそ、トップの決断力が求められるのだ。

問題解決がつねにこうした意思決定をともなう作業であることは論をまたないが、これを行なうときには、結果はどうあれ論理的で分析的な思考プロセスが必要である。平たく言えば、何をどう決めるかを明確にし、筋道を立てて事を進めるということだ。ことにビジネスのような効率最優先の分野では、段取りの良し悪しがタイムコストにはねかえってくる。「きれる人」「できる人」というのは、たとえ一瞬の判断であっても、無意識のうちにそうした思考の段取りを経ているものである。

しかも、論理的に筋の通った意思決定とは「説得力のある意思決定」ということでもあり、組織や集団で問題解決にあたる場合に大きな武器となる。最終的な結論に一〇〇パーセント賛成するかは別として、人間は、筋道を立てて説得されると納得せざるをえない面があるからだ。トップが権威を楯に自分の意見を押し通したのでは、うまくいくものもいかなくなる。それは、決断力ではなく独断に過ぎない。

情報不足から生まれる短絡思考

外交や軍事はもとより、ビジネス上の交渉からふだんの買い物にいたるまで、対象や周囲の状況について不十分な情報しか得られないときは、失敗して損害を被らないかという不安がつきまとうものだ。古くから戦略論として有名なカール・フォン・クラウゼヴィッツの『戦争論』

が、「人間は本能的に臆病であり、危険を過大に見積もる」と指摘しているのは、このことである。

こうした心理状態のなかではまさに〝疑心、暗鬼を生じ〟、偏った推測や思い込みから短絡的な意思決定が行なわれやすい。

競争相手に少しでも弱みを見せるとつけこまれるからと、相手の動きも見ずに、むやみに攻めてかかったりするのがそれだ。絶対的な切り札があれば別だが、そうでない場合はたいへんリスキーである。

また、自分のミエやメンツにこだわって、引っ込みがつかなくなるのもあぶない。過去の戦争には、引っ込みがつかなくなって始まってしまったケースが多いのだ。第三者が冷静に見るとじつにばかげたことなのだが、「やむにやまれず」というのがこのケースである。

では、こうした非論理的な意思決定を避けるにはどうすればいいか――何より、思考の材料となる情報や知識の収集に力を注ぎ、客観性を高めることが肝心だ。論理的な思考のプロセスとは、いってみればひとつの情報処理システムである。確度の高い客観情報が十分にインプットされなければ、システムは正しく作動しない。問題解決の失敗例のなかでもっとも多いのは、手持ちの情報や経験知だけで答えを出そうとするケースである。手掛かりが少ない分、勘や好き嫌いといった主観的な要素が入り込みやすく、偏った判断を下しやすい。
問題解決における情報の集め方や読み方については、次章で詳しく述べることにする。

思考を進める四つのプロセス

ところで、論理的な思考の流れを分解すると、そのプロセスはおよそ次の四段階に集約されることがわかる。

①問題を発見し、その状況を把握する
②解決する手段やアイデアを発想する
③解決策を絞り込み、最適案を選択する
④解決策を実行し、その結果を評価する

①は、情報活動のことである。現状――どんな環境で何が起こっているのか、問題――自分にとって何がどう不都合なのか、原因――問題を引き起こしている要因は何か、といった要素を分析するために情報を集め、整理する段階である。ここでの基本は気がつくことである。気がつかなければ何も先に進まない。
②は、問題の原因を取りのぞくための知恵をいろいろ出してみる段階である。いいかえればそれは、①のステップで得た情報や知識を新しく組み合わせ、「こうすればこうなる」という仮

説を立てる作業だともいえる。ここでは、何に気がついたかによって解決策はひとつに絞られるとは限らない、ということに注意することだ。それで、発想の枠を広げることが肝要である。

②で案出したいくつかのアイデアを比較検討し、最終的にもっとも有効な策を選択するのが③のステップである。ただし、その最適案は他の選択肢と比べてすぐれているということであって、完全無欠というわけではない。かならず弱点があると考えたほうが現実的だ。そこで、最適案を選ぶと同時に、それがうまく機能しない場合のリスクを想定して、事前に対策を立てておく必要がある。

④のステップではいよいよ解決策を実行に移すが、予測した成果が得られないようなら、すみやかに次の手を打たなければならない。その場合、③で用意しておいた対策が通用するかもしれないし、あるいはもう一度、①のステップからやり直す必要があるかもしれない。それは結果を測定し、どう評価するかで違ってくる。

いずれにせよ、一度のプロセスで問題が片付くことは稀である。むしろこうした修正作業をこまめに繰り返すのがふつうである。あぶないのは、はじめに選択した案にこだわりすぎて傷口が広がり、解決不能に陥ってしまうことだ。

政治であれ、経営であれ、現実社会と切り結ぶ作業である以上、いくら論理を尽くしても、その論理が結果を上回ることはありえない。逆にいえば、現実にうまくいった手段が最適案ということになる。かのマキャヴェリも『君主論』のなかで、こう指摘しているではないか。
「結果さえよければ、手段はつねに正当化される」

共通の目的と言葉を持つ

さて、ここにもうひとつ重要な力学がある。手順を踏んで、論理的に問題解決を進めるためには、まず目的を明確化する必要があるということだ。
「問題を解決する、そのこと自体が目的ではないか」と言う人がいるかもしれないが、それでは説明になっていない。

何をもって問題解決とするのか。どういう状態になれば、問題が解決したと評価するのか。それは目的や目指す理想、すなわち〝何をしたいか〟によって決まる。目的が違えば、同じ現状を見ても人によって問題のとらえ方が変わってくるからだ。

たとえば、日本はいま不景気で大変だといわれるが、これを聞いて諸外国は不思議がっている。先日、イタリアのミラノへ行ったら、泊まったホテルが偶然、高級ブランド店グッチの前だった。見ると、その店先に日本の若い女性が長蛇の列をなしている。ツアーコンダクターに聞いてみると、いまはミラノまで行って帰って、ツアー料金は一〇万円程度だという。それに比べて、そのブランド店での買い物には、一人あたり平均二〇万円も使う。成田税関の免税限度が二〇万円だからだ。私はよく「日本から出るときは旅客機で出かけ、帰りは貨物機で帰ってくる」と皮肉るのだが、日本人は海外へ行くと、どういうわけか、おみやげを買って買って、買いまくる。

不況、不況といってもこれだから、国際社会が首をひねるのも無理はない。欧米、とくにヨーロッパの人々と日本人とでは、そもそも豊かさの価値観が違う。つまり、どんな生活をしたいかという目的意識が違うから、世の中の現状に対する認識も大きく分かれるのだ。彼らから見れば、いまの日本に不況という問題はないに等しい。騒いでいるのは政府と金融・証券業界だけに見える。

とはいえ、問題解決にかかわる各人の視点がバラバラでは、意味のある情報収集はできないし、その情報をもとに議論を重ねても、有意義なアイデアが出てくるはずがない。このことが、意外と認識されていないのである。

私の経験では、目的や評価の尺度をはっきりさせないまま、漠としたスローガンだけで何かをはじめようとするケースが、日本には多いように思われる。「○○改革」といったかけ声などは、その最たるものである。結果はたいてい思わしくない。日本人は言葉に対する感性が豊かだが、それだけにその言葉の概念を厳密に定義せず、情緒的に動き出してしまうからだ。

何をしたいのかという目的を徹底的に議論すれば、逆に、現状はその目的からどれだけずれているのか、何が足りないのか、といった視点から直面する問題への認識も深まり、全員が共通の言葉を持てるようになるはずだ。そうしてはじめて、問題解決の方向性が定まり、どうなったら成功したと見るか、その評価基準もおのずとクリアになるのである。

警察庁を困らせた質問

もうひと昔前になるが、日本の都市部で道路事情が急速に悪化しはじめたころ、警察庁の中に道路混雑を扱うための委員会ができ、その第一回会合に出席したことがある。事務局から「なぜこういう委員会をつくったか」という趣旨説明が長々とあったが、要はこういうことだった。近年、東京その他の大都市道路が非常に混むようになった。そこでこの混雑を解消するために、この委員会を設置したのだ、と。そこで私は質問してみた。

「いま、混雑という言葉をさかんにお使いになりましたが、道路が混雑するということは、いったいどういうことですか？」

ほかの委員たちは皆、あきれたような表情を浮かべ、「そんなこと、わかりきってるじゃないか」といわんばかりであった。だが、じつは誰もわかっていないのである。

問題の中身を知らずして、何をどう解決しようというのか。「混雑とは何か」が具体的に定義されなければ、どうなれば混雑が解消したことになるのかわからない。プロジェクトの目的と評価システムを具体的に設定してもらいたくて、私は質問したのである。

あまりしつこく聞いたからか、警察庁の担当者はとうとう不愉快そうにこう言い放った。

「とにかく東京の道路の混雑がなくなればいいんです」

私はさらに詰め寄った。

「ひとくちに混雑の緩和といってもいろいろあるでしょう。たとえばある地点からある地点へ行くのに従来は三〇分かかったところが、新しいやり方にしたら一五分で行けるようになった。これを混雑が緩和したと考えるなら、そのようなクルマの流れにする規制方法があります。また、ある道路があって、これまでは一時間に一〇〇〇台しか走れなかった。それが新しいやり方にしたら一二〇〇台走れるようになった。これも混雑の緩和と見ることができる。しかし、いま申し上げた二つのケースでは、やり方を変えなくてはいけません。だから混雑をなくすといっても、混雑とは何かという共通理解をもつところからはじめないと、うまくいかないのです」

目的によってまったく異なる解決策

ちなみに前者は、移動時間を短縮することを目指すケース、後者は、道路の容量を増やすことを目的とするケース。どちらの目的を設定するかで、当然のこと、有効な交通規制の方法論は変わってくる。だから、原点にかえって、目的を明確にすることが先決なのである。

そこである実験をやろうということになった。

まず最初に道路の容量を増やして、クルマの流れをよくする規制方法を試してみた。渋滞が生じる最大の原因は、交差点にある。右折車によって、交差点内のクルマの流れが滞《とどこお》ってしまうのだ。そこで、右折禁止の交差点を大幅に増やしてみた。すると、たしかに流れはよくなったが、右折ができないために目的地まで迂回して進まなければならず、かえって時間がかかる、という苦情が出てきた。

そこで今度は、逆にすべての交差点で右折禁止を解除してみた。なんと驚いたことに、クルマはスムーズに流れたのである。ただ、このときにもうひとつわかったのは、交差点によって右折車の多い箇所と少ない箇所があり、右折車の多い交差点だけは特別な処置をしないとだめだ、ということであった。

私たちがとった処置とはこうだ。現在は珍しくないが、右折車の多い交差点の手前に、二、三台分の右折車線を設けたのである。すると、とたんにクルマの流れがよくなった。つまり、それまでほんの二、三台のクルマのために、その交差点は渋滞していたわけだ。こういった調子で要所要所に新しく右折車線をつくり、道路全体のクルマの流れを改善していった。

混雑とは何かという原点から議論せず、ただなんとなく解決策を話し合っているだけでは、こうした結論にたどりつけなかったかもしれない。目的を具体化し、評価の尺度を明らかにすることで、さまざまな実験が有効に機能する。実験結果をその評価の尺度にしたがって分析し、より目的に近づけるにはどうすればいいかを考えてまた実験する、といったひとつの思考サイクルが確立されるからである。

一九六〇年（昭和三五年）七月、自民党第四代総裁・池田勇人が新首相に就任した。その政策の旗印は、国民の所得水準を一〇年間で二倍以上に引き上げるというものであった。いわゆる「国民所得倍増計画」である。

「二倍」という単純明快な目標が、当時の日本人の上昇志向をいかに刺激したかは、その後の奇跡的な経済成長をみればよくわかる。これを契機に、日本は経済主義の方向へと大きく舵をきったのである。もしもこの政策が、「経済を強くしよう」とか「日本を豊かにしよう」といったたぐいの曖昧な表現で語られていたら、はたして日本はどうなっていたかわからない。

稚拙な問題解決「コロンブスの卵」

次に、目的を設定する際に注意しなければならないのは、できる・できないはいったん度外視して、まずは最善のあるべき姿を目指すということである。

私の知る限りでは、ゼロから発想しているつもりでも、往々にして過去のしがらみにとらわれたり、制約条件の許す範囲で目的を設定してしまうケースが少なくない。こうした目的は達成しやすいが、問題解決の可能性を狭めることになるので気をつけたほうがいい。

「コロンブスの卵」の逸話は、誰でも聞いたことがあるだろう。誰もができないと思っている問題を発想の転換によって解決するたとえである。一五世紀のイタリアの探検家コロンブスが、東洋との新しい交易ルート——当時は中近東経由の陸路しかなかった——を求めて大西洋を横断し、偶然、アメリカ大陸を発見したことは、あまねく知られる歴史的事実である。

コロンブスはその冒険に必要な資金を得るため、当時興隆を誇っていたスペインの女王イザベラ一世に援助を願い出た。その席上、「海路で東洋に行けるわけがない」と言い張る女王の臣下を前に、彼はこう言ったのである。

「卵を立てることができますか」

満座の人々に「できっこない」と嘲笑されるなか、彼は茹で卵を取り寄せ、机の上にドンと立てた。すると卵は、端がわずかにつぶれて見事に立ったのである。コロンブスは勝ち誇って言った。

「できないと思っているから、できないのだ」

有名なエピソードである。しかし、発想の転換の見本のようにいわれるこのコロンブスのやり方も、問題解決の視点に立てばあまり誉められたものではない。なぜなら、卵は端をつぶさなくても、そのままでちゃんと立つからである。ウソだと思うなら、試してみるといい。根気よくバランスを取れば、誰でも立てられるはずだ。

たしかにコロンブスは、「卵は立たない」と思い込んでいる人々の固定観念をくつがえしてみせた。しかし、「卵はそのままでは立たない」という制約条件にとらわれている点では、彼をあざ笑った人々と同じなのである。そのため、「卵を立てられるか」という問題に対して、厳密にいえば「立ったように見せる」という目的設定に回避せざるをえなかった。先入観にとらわれ、「あるべき姿」により近い問題解決の可能性を狭めてしまったわけである。

たかが卵ひとつのことではあるが、このエピソードは示唆的だ。

というのも、コロンブスは自らが発見した〝新大陸〟を、死ぬまで東洋の一部だと思い込んでいたからである。東方交易の道を拓くことだけを冒険の目的と定め、それ以上の成功の可能性があるとはゆめにも思わなかったのではないだろうか。先入観というものの恐ろしさである。

「仮説検証型」思考の欺瞞

では、こうした先入観や固定観念といった〝思考のクセ〟は、どうして身についてしまうのか。

アメリカの生命科学者の研究によると、人間には二種類の知的能力が備わっていることがすでにわかっている。ひとつは流動的知能、フルーイド・インテリジェンス（Fluid Intelligence）と呼ばれる、柔軟なひらめきや創造力である。いまひとつはクリスタル・インテリジェンス（Crystal Intelligence）という、長いあいだの経験や学習によって培われる総合判断力である。文字通り人生の「結晶」としての知性であり、経験則といいかえてもいいだろう。

私たちはふだん、ほとんど無意識のうちにさまざまな問題を処理している。とくに教えられなくても困らないのは、こうした経験則によって自分なりのものの考え方ができているからだ。ところが、それは十人十色である。自分の経験だけでできあがった考え方なので、どうしても生活環境や職業上の習性によってパターン化され、偏ってしまうのだ。そこに思考のクセが生じる。

その悪しき典型が、最近、マスコミで横行している「仮説検証型」の論理である。

仮説検証型とは、あらかじめ何らかの仮説を立てておいて、その結論に符合する事例や数字ばかりを集めて、これだけ証拠があるではないかとつきつける、じつに都合のいいやり方である。答えから逆算するわけだから、一見、理路整然として説得力があるように思えるのも当たり前だが、鵜呑みにすると非常に危ない。社会の実態とはまったく違っているのだ。

こうした論理を蔓延《まんえん》させたのは、もっぱら象牙の塔にこもり、机上の論評を繰り返すだけのエコノミストたちである。彼らは生産現場を訪ねることも、販売店を見て歩くこともほとんどしない。ただデータを眺めて、「日本はアメリカより遅れている」だの「日本人はオリジナリティがないから、いずれ開発競争から取り残される」といった偏った仮説を導いているのだ。そして、それを立証するために、トリプル安だ、失業率の増加だと暗い材料ばかりかき集めてくる。そうすると、「ダメな国・日本」の構図がものの見事に浮かび上がり、構造改革への軌道が敷かれるという手はずだ。

恐ろしいことに、こうした論理は一般の人々のなかにも着実に浸透しつつある。目の前の現実だけを虚心坦懐に見つめて、望ましい未来を発想することがむずかしくなってきている。

原点に戻れば役所も変われる

固定観念やしがらみにとらわれない、あるべき理想の姿とは何か。そこから目的を設定して問題解決に成功した事例のひとつに、東京・中野区役所が取り組んだ改革がある。

昭和四〇年代、それまで中野駅の南側にあった区役所の庁舎を北口側に移転することになった。そのとき、せっかく新庁舎を建てるのだから、区役所の業務の流れを全面的に見なおし、それに合わせて建物を設計してはどうか、という思い切った話が出てきた。

役所というものは、縦割り行政の弊害で窓口がいくつにも分かれているのが普通である。健康保険、住民登録、印鑑証明、戸籍抄本……、これでは利用する住民がまごついてしまうのも無理はない。

　中野区はこの煩雑さを解消するのに、まったく新しい発想をもち込んだ。窓口を一本化したのである。

　この改革はまず第一に、行政サービスの存在理由を問い直すところからスタートした。区役所は何のためにあるのか――もちろん住民のためである。そうであれば、業務の流れは役所側の都合に合わせるのではなく、本来、住民が利用しやすいシステムに統一されなければならない。そこから、あるべき理想の姿として、「窓口の一本化」という方針が浮かび上がってきたのである。

　当然、実行するにはさまざまな困難や現場の抵抗が予想された。書類の作り方から何から、いままでの仕組みががらりと変わってしまうからだ。

　しかし、できる・できないを考えていては一歩も前へ進めない。とにかく、窓口を一本化するという理想を実現するために、実際にサービスを提供している現場をつぶさに洗い直してみた。すると、とても重要なヒントが見つかった。利用者が窓口を訪れると、最初に担当者から必ず名前を聞かれる。どの窓口でもそうだ。つまり、窓口では訪れた住民の名前確認からすべての業務がはじまるのである。

　それなら区役所にあるすべての登録データを、住民ひとりごとに一括して管理すればいい。

そうすれば、ひとつの窓口で名前を確認するだけで、さまざまな用件に対応できるわけだ。

従来、区役所では、同じ個人のデータでも関係する法律ごとに書類が作られていた。当然のことながら、健康保険と住民登録とでは基づく法律が違う。だからこそ、いくつもの窓口が必要だったのである。その枠を越えて、各種のデータを個人の名のもとに統一するというようなシステムは、それまでの法律ではとても考えられなかった。苦心惨憺したが、自治省との粘り強い交渉の末に、これを特例として認めてもらったのである。

こうなると、あとは簡単だ。現在はこのシステムがコンピュータ化されているので、窓口で名前を確認し端末を操作するだけで、本体のコンピュータからすばやくデータを呼び出すことができる。必要書類の発行も、そのままプリントアウトすれば簡単だ。こうして、窓口の一本化が実現した。

もちろん業務によっては、別の窓口扱いにせざるをえない仕事もある。教育委員会の業務、土木建築関係の申請等の業務、民生関係の業務。この三つは業務上の事情から独立した窓口が必要となる。しかし、これらを除けば、中野区役所の窓口業務の約八〇パーセントはひとつの窓口で済むようになった。

一般に組織や業務の合理化というと、現状の理解からはじまり、では、どこをどう手直しすれば効率が上がるかという話になりやすいものである。しかし、そうした対症療法的な対応では、結局、可もなし不可もなしの中途半端な改革に終わってしまう。

重要なことは、どうやるかではなくて、何のためにやるか、である。

中野区の場合も、過去からの経緯をすべてご破算にして、「区民のための区役所」という原点――理想といってもいい――に戻って発想したからこそ、窓口を一本化するという画期的な改革を成し遂げられたのである。

最近、「eジャパン」のかけ声のもとに、窓口業務の一本化の動きが出はじめている。ところが原簿の統一化の話がまるで出てこない。中野区ではそれに五年もかけた。だから「eジャパン」でこれらを実現するための膨大な業務量と、そのための法律改正を覚悟しているか、関係者にあらかじめ注意しておきたい。

しかし、このように、ゼロ・ベースから論理を素直に積み上げていくと、それまでダメだと思っていたことも意外にスムーズに解決することが多いから、やってみることだ。

その道のプロほど目的を見失いやすい

私は以前、NHKで現在も稼働している「ニュースセンター」の全体システムの設計を担当したことがある。このプロジェクトを例にとって、いま一度、問題解決の手順とノウハウを確認しておこう。

この仕事を引き受けたとき、私はまず最初に報道局長を訪ねて、こう切り出した。

「NHKは何のためにニュースを流しているのですか」

毎日番組を制作しているプロにこんな質問をしたのは、ほかでもない、報道の原点に戻って目的から徹底的に検討するためである。報道局長もさすがに面食らったのか、「いや、公共放送ですから……」と答えに窮していた。

「公共放送なら、なぜニュースを流す必要があるのですか」

「一般の人々は、NHKにどのようなニュースを期待していると思いますか」

私は次々と質問を続けたが、なぜニュースを流すのか、報道局長から核心をつくような返事は得られなかった。そこで慎重に言葉を選んで、こう聞き直してみた。

「今度、新しいスタジオをつくります。そこから発信されるニュースは、少なくともいままでのスタジオから流されていたニュースよりも、何らかの意味で進歩しなくては意味がありません。そこで伺いたいのは、ニュースの評価は何で決まるのかということです。ニュースの生命とは何でしょうか?」

すると、ようやくそれらしい答えが出てきた。

「それは、何といってもスクープですよ」

スクープというのは、インパクトの強いニュースを競合他社よりも早く報じることである。

いいかえれば、ニュースの生命は速報性にあるというのが彼の見解であった。しかし、私はいまひとつ腑《ふ》に落ちなかった。

〈ニュースにとって、もちろんスクープは大切に違いない。しかし、はたしてそれだけだろうか……〉

結局、このときは結論が出ず、報道局長との話はそのままで終わってしまった。ところが、偶然大事件が起きた。全日空機の事故である。

報道番組の歴史を変えた「ニュースセンター」

ちょうどそのころ、日本の空で大型ジェット旅客機の墜落事故が相次いだ。一九六六年（昭和四一年）二月、札幌発の全日空ボーイング727型機が羽田沖に墜落し、それまでの航空史上最悪の死者一三三人を数える大惨事となった。

このとき、テレビ局でもっとも早く現場に着いたのはある民放局だった。できたばかりの川崎のカーフェリーをチャーターし、それに中継車を乗せて出ていった。NHKは出遅れたが、幸い局内に航空機に詳しい記者がいた。

彼の話によると、ボーイング727という飛行機は新型機で、就航してまだ二年しか経っていない。ところが、その二年間にアメリカで三回も事故を起こしているという。全日空機は四回目であった。同じ機種が二年間に四回も事故を起こすとなると、これは大事件だ。そこでNHKでは、急遽《きゅうきょ》この飛行機に関する資料等を取り寄せ、専門家を呼んで特別番組を編成した。事件そのものの速報よりも、事件の背景や因果関係をくわしく解説することで、他局との差別化を図ったのである。

一方、民放局はどうかというと、現場への出足は早かったものの、どこに飛行機が落ちたかわからない。真っ暗な海を映して、大事故が起きたと繰り返すばかりであった。

そこで私は翌日、NHKに飛んでいった。

「昨日の報道のなかでは、NHKの番組が断然、視聴者をひきつけたはずです。いくらスクープでも、ただ飛行機が落ちた落ちたでは番組にならない。現場の映像が乏しくても、その背景をくわしく解説することで視聴者の印象はまったく違うものになるはずです。ニュースの生命は早さではない。事件の解説です。それでニュースの生死が決まるのです」

これで、目的は明らかになった。

解説をするには、過去の事件の写真やフィルム、資料等が必要である。NHKではどこに保管しているかと尋ねたら、報道局長は頭をかいた。たくさんの小引出しがついた箱に入れてあるだけだった。試しに引出しをひとつ引っ張ったら、色の変わった毛沢東の写真が出てきた。

「これではだめです。コンピュータを入れた情報センターをつくりましょう」

と私は進言した。あらゆる資料類がストックされ、必要な情報がすぐに呼び出せる情報センター――相当な金がかかったが、NHKはこれを新しいスタジオに設置した。この機能を最大限に生かして制作されたのが、当時の磯村尚徳キャスターの人気報道番組「ニュースセンター9時」である。これで日本のテレビニュースのスタイルがまったく変わってしまった。解説が中心の番組になったのである。

はじまりは「何のためにニュースを流すのか」という問いかけであった。

どのようなプロジェクトでもそうだが、まず目的を徹底して分析すること、そして、どのような結果になったら成功したといえるのか、という評価システムを明示することが大切である。その際、どんな条件やしがらみにもとらわれてはならない。原点に戻って、理想を追求するべきである。

じつは、何のためにそれをやるのかという目的を検討する段階で、成否の九〇パーセントが決まるといっても過言ではない。これをつきつめていくと、結局、プロジェクトを組んでかかるほどの問題ではなかったというケースも少なくないのである。

日本の農業は「新幹線方式」で救える

一九六四年（昭和三九年）、東京オリンピックの年に開業した東海道新幹線は、以来、一度も事故らしい事故を起こしたことがない。この新幹線が成功した最大の要因は、曲がりくねった在来線にとらわれず、新規格の線路を真っ直ぐに引き、そこに新規格の車両を走らせたことにある。つまり、世界一速い列車を世界一安全に運行させるという目的のために、すべてゼロから発想したからこそ実現したのである。

何か大きな変革を推し進めるときは、このように物事の原点に戻り、部分ではなく、システム全体から変えていく方法論が必要になる。私はこれを「新幹線方式」と呼んでいる。

たとえば農業の問題を例にとって考えてみよう。

私は、日本の農業の将来について問われれば、「心配ありません。やり方次第では世界一になれますよ」と言下に答える。実際にそう言うと、たいていの人は「そんなことができるんですか？」と驚き、半信半疑の表情を浮かべる。

たしかにいま、日本の食料自給率は四〇パーセント前後にとどまり、食料の半分以上を輸入に頼っているのが実情である。農業は全般的に生産性が低く、未来がないとさえいわれている。しかし、はたして本当にそうなのか。

私は以前に、旧・科学技術庁の資源調査会で、日本の農業の実態を徹底調査したことがある。それでわかったのは、日本列島は世界中でもっとも農業に適した場所だという事実である。

何といっても、農業には土地・太陽・水という三つの資源が欠かせない。農業の原点である。

まず土地については、日本の土壌は肥沃《ひよく》で、非常に農地に向いている。その証拠に、飛行機から日本列島を俯瞰すると、東西南北どちらへ行っても緑にあふれ、見事な自然が続いている。これがスペインあたりへ行くと、飛んでも飛んでも赤茶けた土ばかり。一目で、農業は困難だと見て取れる。アイルランドにいたっては泥炭地帯が多く、そこではジャガイモしかできない。

では、太陽はどうか。日本列島、とりわけ本州・四国・九州地域は、北海道以北の緯度に相応するヨーロッパと比べるとはるかに日光に恵まれている。水にしても、もともと国土が海に囲まれているうえ、降水量もヨーロッパの二倍以上と豊富である。

したがって、三つの基本条件は申し分ない。農業を行なう自然環境としては、日本は世界でもトップレベルにあるのだ。それでいて、日本の農業がうまくいかないとしたら、これは天災ではない。明らかに人災である。

逆に言えば、何がどう悪いのか、人災の要因となる問題点を発見し、解決すれば、日本の農業は世界一になるのも夢ではないというわけだ。

その証拠となるデータを紹介しよう。日本の各市町村の豊かさ、経済力を示す指標として、「民力」という数値がある。日本全体の平均値を一〇〇とすると、地方都市は九〇前後、農業地帯ではおおむね八〇前後の数値を示す。ところが、一五〇という際立った値の場所がある。大都市ではない。秋田県大潟村。秋田市よりも民力が高い、じつに豊かな農村である。

現地を視察して、その理由がわかった。八郎潟を干拓して大潟村を建設したとき、全国から意欲に燃える農村の若者を集め、彼らの思うさま、自由に農業をやらせたのである。その結果、大型トラクターを入れるなど、アメリカ並みの大規模農業が成功した。既存の手法にこだわらず、農水省の言うことも聞かない。やる気のある人材が自由に農業に取り組んだ結果、民力一五〇を実現したのである。

これに興味をそそられ、全国の農村の民力を調べてみたところ、一二〇前後の農村が続々と出てきた。北海道の道東部である。道東は農地が非常に広く、緯度でいうとアメリカのミネソタ辺りより南に位置するため、気候もいい。もちろん、この地域の豊かさも大規模農業の成果であった。

たしかに日本の農業はいまボトルネックの中にあるが、以上のような成功例も数多くあり、決して未来は暗くない。にもかかわらず、世間では悲観論が先走り、「日本の農業の危機」が叫ばれている。

私にいわせれば、この手の論調はマスコミや評論家たちの先入観に過ぎない。何が本当の強みで、何が本当の問題点かは、丹念にデータを集め、現場を歩いて回ればおのずと見えてくる。しかし、彼らはそれをせずに発言しているのだ。ネガティブな理屈ばかり弄《ろう》して、「では、どうすればいいいか」という戦略的な議論が見えてこないのはいったいどういうわけだろう。

第二章

情報戦を制する

経済情報活動に乗り出したCIA

問題解決の第一歩が情報活動であることは、すでに述べた。およそ人間の意思決定がその結果を左右する局面においては、まずそれを裏打ちする情報や知識が揃わなければ、いくら論理的・分析的に思考を進めても、期待する成果は得られない。では、そうした価値ある情報をいかに収集し、読み解くか。本章では、問題解決の材料となる情報の特性と基本的な取り扱い方について述べてみたい。

一九九二年四月一三日、アメリカ中央情報局（CIA）のロバート・ゲーツ長官はデトロイトで講演し、「今後、CIAの活動・工作の四〇パーセントを経済分野にシフトする」と語った。日本の新聞はあまり大きく扱わなかったが、これはたいへんなニュースである。すなわち、旧ソ連の崩壊によって活動の対象を失ったアメリカの情報機関が、その矛先を経済情報の収集分析に向けはじめたということだ。

関係筋によると、それまでCIAの予算は、約半分が旧東側諸国に関する政治的・軍事的な諜報活動にあてられていた。それが翌九三会計年度の予算については、その三分の二が経済産業分野にまわされることになったという。

国家的な情報機関といえば、このCIAのほかにも旧ソ連のKGB（ソ連国家保安委員会）、イスラエルのモサド、イギリスのＭＩ６、フランスのＤＧＳＥ（対外治安総局）、韓国のＫＣＩＡ（韓国中央情報局）などの存在が知られている。なかでもＣＩＡは、泣く子もだまる世界最大の情報機関として、つとに有名だ。

冷戦構造が崩れたとはいえ、敵を探るのに手段を選んでいては、新たなパワーゲームを勝ち抜くことはできない。『孫子』のいう「彼れを知り己れを知れば百戦殆《あや》うからず」とはまさにこのことで、「人権」を主張するアメリカでさえ、公的機関であるＣＩＡが外国大使館員の電話を盗聴することについては合法としているほどだ。

そのＣＩＡが経済分野の諜報工作に比重を移した背景には、冷戦の終結という要因だけでなく、アメリカのハイテク企業に対する産業スパイの横行という問題があった。前述のゲーツ長官は、「アメリカ人ビジネスマンのカバンは各国の情報機関に狙われている」と警告を発した。

実際、ある国の情報機関は、飛行機の機内に盗聴機をしかけたり、出張中のビジネスマンの宿泊先に忍び込んで、重要書類を盗撮したりするというから、スパイ映画も顔負けである。ある調査によると、アメリカ企業のじつに三七パーセントが、スパイに狙われた経験があるという。しかも、これは何らかの証拠が発覚して、狙われたことを認識した企業の割合だから、狙われていながら気づいていない企業も加えると、実際はこれよりはるかに多いはずだ。

こうしたことからアメリカは情報管理を本格的に強化し、「目には目を」というわけで、ついにCIAが経済諜報活動に乗り出したのである。

ある産業スパイ事件の教訓

エレクトロニクス分野で急成長した経済大国・日本は、すでに何年も前からアメリカの標的にされていた。その大きなきっかけになったのが、一九八二年（昭和五七年）六月、シリコンバレーを舞台にして起きた「IBM産業スパイ事件」である。

この事件では、日立製作所と三菱電機の社員ら六人が、IBM社の基本ソフトやハードウェアに関する最新技術情報を不法に入手し、国外に持ち出そうとしたとして、アメリカ当局に逮捕された。捜査報告書によると、この社員らはコンサルタント会社社長の「ハリソン」と名乗る人物と接触し、IBM社の極秘情報の入手を依頼したという。

ところが、この「ハリソン」の正体はほかでもない、米国連邦捜査局（FBI）の捜査官だったのである。アメリカお得意の「おとり捜査」であった。これには、多くの日本人がショックを受けた。アメリカが日本を〝罠〟にはめたという事実に、誰もがある種の意図を感じずにはいられなかった。

というのも、事件の背景には、過熱していた日米間のコンピュータ開発競争があったからである。日本のマーケットでは、すでに業界の巨人IBMが、富士通に売上高トップの座を明け渡していた。超ＬＳＩ（大規模集積回路）の開発競争でもアメリカは後れをとり、世界市場のおよそ七割を日本に奪われていた。国の死命を制するハイテク関連産業において、眼下の敵である日本をどう抑えるかが、当時のアメリカの政策的課題だったのである。そうした最中に発生したのが、この「ＩＢＭ産業スパイ事件」であった。

敵がいま何を考えているのか、次にどう動こうとしているのか——他社の情報が事前につかめれば、戦略策定のうえでこれほど有利なことはない。熾烈な競争のなかにいれば、喉から手が出るほど欲しくなるのは当然だ。そこをアメリカに突かれて、結果的に日本企業はまんまとはめられたのである。

事件の表面だけを見れば、日本はビジネスのためなら手段を選ばないダーティな国、ということになる。実際にはどこの国も相当きわどいことをやっているはずだが、見えるようにやるのと見えないようにやるのでは大きな違いがある。案の定、この事件は対日キャンペーンに利用され、日米貿易摩擦の火に油を注ぐ結果になったのである。

もちろん、おとり捜査という手法の正当性に異議がないわけではない。しかし、それよりもやはり、日本の情報管理の甘さ、稚拙さを私は問いたいのである。情報はしばしば時代を動かし、国家や企業の消長のカギを握る。だからこそ各国は莫大な国家予算を投じて、自前の情報機関を組織しているのだ。それに比べて日本は、情報の価値や影響力に対する認識がいまだに不足してはいないか。

情報戦は、ありとあらゆる問題解決の〝前哨戦〟である。それを制さずして、問題解決という現実との闘いに勝てるはずがない。

「情報量」とは驚きの大きさ

ところで、産業スパイまでして手にいれた企業秘密は、たしかにたいへん貴重な情報に違いないが、そのビジネスと関係のない第三者にとっては、ほとんど何の価値もない。当たり前のようだが、情報について考えるうえで、これは非常に重要な事実である。

そもそも情報の価値とは、どういうものなのか。これについて、コンピュータの原理を構築したことで有名なクロード・シャノンやノーベルト・ウィーナーらが体系づけた「情報理論」では、「情報量」という表現を使い、こう説明している。

報告書というものは分厚ければ分厚いほど、多くの情報がつまっていると思いやすいが、その中身がすべて自分の知っていることばかりだったとしたら、そこから受け取る情報量はゼロに等しい。逆に、たったひとことしか記されていなくても、それが読む人に大きなインパクトを与えることもある。これが、「情報量」の定義である。

すなわち、文字の多寡だけでは情報量の大小ははかれない、「受け手が知らなかった内容をどれだけ伝えているか」が、情報量のものさしになるというわけだ。ただし、これだけではまだ不十分である。じつは情報量というものは、受け手の「予測」をどのくらい覆《くつがえ》すかという点に価値基準をおくべきなのである。

予測が覆れば、その後の行動も変わらざるをえない。ある人間に新しい情報を伝えたことで、それ以後の行動がどのくらい変わっていくか。その変化の比率によって情報量を規定しようというのが「情報理論」の考え方である。要するに、情報量とは驚きの大きさだといっていい。

きょう考えることの九五パーセントは昨日と同じ

アメリカの著名な医学者の説によると、人間は一日あたり平均六万個の想念、すなわち考えを心に浮かべていて、驚くべきことに、その九五パーセントは昨日と同じものだという。人間はそれほど固定観念にとらわれやすく、現状維持的な発想に傾いてしまう、という指摘である。

たしかに職場でも、家庭でも、どうにかしなければと思っていながら、なんとなく現状が維持されてしまうというのはよくある話だ。「きょうもきっと昨日と同じ」「明日もたぶんきょうと同じ」――なんともいい加減と思われるかもしれないが、私たちの日常生活はこの程度の予測をもとに、ほとんどが動いているのだ。マンネリによる組織の制度疲労やモラルの低下などは、そこから生じる。

しかし、誰もが現状維持を予測しているなら、それを逆手に取ることもできる。たとえば雨が続いているときに、「明日は雨でしょう」という天気予報を聞いても、気にとめる人は少ない。みんなの予測とそれに対処する行動が覆らないからである。逆に「久しぶりに晴れるでしょう」といわれれば、そこに含まれる情報量はかなり大きい。「えっ、本当?」と、がぜん注意を向けるだろう。「きょうも雨なら明日も雨」という現状維持の予測が覆り、行動パターンが次の日から変わる可能性が高まるからだ。

もちろん、情報量は大きければ大きいほどいいというものではない。「明日からあなたの人生が変わります」的な誇大広告がかえって消費者に怪しまれたりするように、いくら予測を覆すといっても限度がある。大きすぎる話には誰もついてこない。

「誰に」「いつ」伝わるかで価値は一変

情報の価値については、じつはもうひとつ重要な尺度がある。情報を受け取った相手が、その情報をどう考えるか、どう利用するかという尺度である。

たとえば、これから世界のどこかで戦争がはじまるとする。この情報が事前に手に入れば、情報量としてはかなり大きいといえる。戦争の影響は当事国だけでなく、あらゆる方面にさまざまな形で波及するからだ。しかし問題は、その情報の価値で、これは誰に、いつ伝わるかによって変わってくる。

第二次世界大戦で日米間の戦端が開かれたのは、一九四一年（昭和一六年）一二月八日の日本軍による真珠湾攻撃だった。この攻撃は長い間、「奇襲」あるいは「だまし討ち」といわれてきたが、最近の研究では、ワシントンは真珠湾攻撃を少なくとも予期はしていた、というのが定説になりつつある。アメリカ海軍が早くから日本軍の暗号を解読し、ハワイに向かう日本の戦艦の動きを逐一把握していたことを示す公文書も発見されている。では、なぜアメリカはむざむざと真珠湾を燃えるにまかせたのか。大戦への参戦の口実を探していたワシントンは、日本の情報を事前に察知していながら、太平洋艦隊には知らせず、あえてハワイを無防備な状態にした。その挑発に日本が乗ってしまったのである。もしもこのとき、太平洋艦隊に真珠湾攻撃の情報が伝わっていたら、厳重な警戒体制がしかれ、日本側の戦果はいちじるしく減少したに違いない。その後の戦局にも大きな影響をもたらしたはずである。

ところが、これと同じ情報が何かの間違いで、どこかの山奥で隠遁しているような人に伝わったとしたらどうか。相手の知らない情報という点ではたしかに大きいけれど、利害関係もなければ興味もないから、「ああ、そうか」というだけで、猫に小判である。つまり、情報の価値は、同じ情報であってもそれを受け取る相手によって、まるで違ってくるということだ。

タイミングも大切である。仮にアメリカ太平洋艦隊が真珠湾攻撃の情報を事前に入手できたとしても、それが攻撃の一分前では、価値はないに等しい。対処する時間がなさ過ぎるからだ。だが一時間前に伝われば、たいへんな価値が出てくる。もし前日に伝わっていたら、先手を打って、太平洋艦隊が日本艦隊に奇襲をかけることさえ可能である。そうなれば、歴史は変わっていたかもしれない。

まったく同じ内容の情報でも、伝える相手、タイミングによって、その価値が一変する。情報の価値は、情報それ自体にあるのではない。それを受けとめた人間がその情報に対してどのような行動をとるかによって、決まるのである。

情報は集めなければ集まらない

問題解決の決め手となるのは、当然のこと、人間の知恵である。しかし、どれほどすぐれた知恵者でも、自分の知らないことを発想し、最善手として導き出すことはできない。知恵とは、現在時点までに収集した情報のなかから有効な要素だけを取捨選択し、新しく組み立て直すこと――その新しい組み合わせの発見だと考えれば、その方法論も見えてくる。

知恵を導き出すための情報の取り扱いには、大きく三つのステップがある。

その第一は、当たり前だが、問題解決の役に立ちそうな価値ある情報をできるだけ幅広くかき集め、知識としてストックしておくこと、「情報の収集」である。

考えてみれば、世の中はこれだけ刺激に溢れているのだから、放っておいても新しい知識や情報がどんどん入ってきそうなものである。ところが、日々漫然と人に会い、なんとなくメディアに接しているだけでは文字通り「馬の耳に念仏」で、人生を左右したり、会社の浮沈にかかわるような重大な局面を打開する知識を蓄えることはできない。残念ながら、私たち大人の精神は〝乾いたスポンジ〟ではないからだ。

ある一流企業のトップは独自の発想法の秘密をこう語る。

「前日のことが忘れられないうちは出社しない。なぜなら、前日のことが頭に残っていると、新しい情報が入ってこないからだ」

重要なことは、目的をもって、意識的に自分の知的体系を拡大していくことである。

もちろん、自分の専門分野だけでは間に合わない。むしろ専門外のあらゆる分野にわたって、そうした知的ストックを充実させる必要がある。これにはいい方法がある。

「得手に帆を揚げて」という言葉があるが、要は専門分野や得意分野をテコにして、周辺分野を征服していくという方法だ。たとえば数学が専門なら、英語で書かれた数学の本を読んで、英語をマスターするとか、将棋や囲碁が趣味なら、対戦用のコンピュータ・ソフトに挑戦して、パソコンの技能をブラッシュアップするといった具合である。

いずれにせよ、その動機づけになるのはやはり好奇心だ。いいかえれば、驚き＝「情報量」

を求め、感じとる心である。

好奇心が知的ストックを豊かにする

これは何なのか、どういう意味なのか、なぜそうなるのか——好奇心が働かなければ、価値ある情報に接してもピンと来ないし、記憶にも残らない。したがって、そこから何かを学ぶこともない。

優良企業の経営者は、ほとんど例外なく好奇心が旺盛である。働くときはバリバリ働くが、遊ぶときはとことん遊ぶ。しかも、趣味が幅広い。世の中には、自分の専門外の話や詳しくない分野の話をもちかけられると露骨に「つまらん」という顔をする人がいるが、彼らはまったく逆である。まるで子供のように目を輝かせて、相手の話に耳を傾ける。こうした姿勢がビジネスを成長させる知恵の源となるのだ。

いま、「子供のように」という表現を用いたが、子供の成長の速さには本当に驚かされる。これは子供が文字通り好奇心のかたまりだからである。何を見ても驚き、不思議がり、そこから物事の理《ことわり》を学習する。だから、次々と知恵が身につくのである。

以前、子供を連れて上高地へ旅行したとき、子供が白樺の木を指してこういった。

「ねえ、あの木にはどうして新聞紙が巻いてあるの?」

なるほど、いわれてみればそう見える。その子は白樺という木を知らなかった。不思議に思い、これまでに得た知識を総動員して発想した表現が、「新聞紙を巻いた木」だったのである。

これは非常に重要なことである。間違っても大人が、「バカだなぁ、よく見なさい。あれは新聞紙なんかじゃないよ」などとたしなめてはいけないのだ。せっかくの子供の発想を「バカ」のひとことで否定しては、子供の成長の原動力である好奇心にブレーキがかかってしまう。

「あれは白樺という木で、普通の木と違って木の肌が白いから紙のように見えるんだ。それで〝白樺〟というんだよ」といった調子で教えてやれば、「なるほど」と納得して、それが知識として蓄積されていくわけである。

こんなふうに子供は何を見ても新鮮な驚きを覚えるが、大人はなかなかそうはいかない。ほとんどの人が毎日、当たり前のように新聞を見る。テレビを見る。そこには新しいニュースがぎっしり詰まっているはずなのに、記憶として心に刻まれる発見がそう多くないのはまことに残念である。

見ていないものは思い出せない

あなたは、自分の家族や同僚が昨日どんな服装をしていたかと問われて、答えられるだろうか。相手と何を話したかは覚えているのに、相手が何を着ていたかは思い出せない——それはたいてい覚えていないのではなく、最初から興味をもって〝見て〟いないのである。

好奇心と視覚的な観察力は密接な関係にあるといわれる。ある著名な映画監督は、映画を撮る際、俳優の台詞《せりふ》は最小限に抑えるべきだといった。そのほうが観客が映像に集中でき、創り手のメッセージをより豊かに受けとめられるからだ。

昨今のプロ野球中継はやたらと解説がうるさい。そのため、根っからの野球ファンのなかには、テレビの音声を消して見ている人がいるという話を聞いたことがある。画像だけのほうが、かえってプレーの迫力がいきいきと伝わってくるのだという。映画監督の理論とも一脈通じるエピソードだ。

ここに興味深い実験結果がある。サイレント映画を字幕なしで上映し、いろいろな人に映画の筋や登場人物の気持ちを読みとってもらうという実験である。被験者にとって判断の材料は、映像という視覚情報しかない。このテストで成績がよかったのは、仕事で何らかの成功を収め、家庭や周囲の人間関係も円満という人たちであった。子供の場合は、クラスの人気者的な子供がいい結果を出したという。

好奇心や他者への感受性は、まず視覚的観察力からはじまる。このことはぜひ覚えておいてほしい。好奇心があれば不思議とあれこれ目につくものであるが、逆に、ためつすがめつ観察することで好奇心がさらにわいてきて、物事の核心や裏側まで見えてくることもあるものだ。

私は、テレビのニュース番組を見るとき、画面の中央に映し出されるニュースの〝主役〟に注目すると同時に、かならずその後ろに何があるか、背景を見るようにしている。たとえば海外からの中継なら、バックの街並や、そこを行き交う人々の姿、表情に目を凝らす。ニュースの主役は往々にして演技をするが、背後の彼らはいわば素で出ているエキストラだ。彼らの表情に期せずしてその国の〝いま〟がにじみ出ていることは珍しくない。

序章で、頻発する地域紛争について、経済的に貧しいはずの国の軍隊がなぜ先進的な武器を持てるのか、という疑問を述べたが、じつはこれもテレビに映る武器・兵器を、イギリスの『ジェーン軍事年鑑』と首っ引きで観察しているうちに、浮かんできた疑問である。

心配する人ほど長生きできる

もちろん、人間は誰しも好奇心のかたまりとして生まれてくるが、年齢を重ね、人生の経験を積むほどに驚きや感動は薄れていくものである。それが普通であって、いつまでも子供のような好奇心を保ち続けるのは並大抵のことではない。

私の親しい友人に、人工臓器で有名な東京大学名誉教授の渥美和彦氏がいる。彼の話によると、人体の部品ともいうべき内臓の寿命は、どれもだいたい五〇歳ぐらいだという。当然、それを過ぎると徐々に衰えていくのだが、心臓なり腎臓なり、衰えた〝部品〟を人工臓器と取り替えることによって、人間はもっと長生きできるというのが彼の持論である。そこで私は聞いてみた。

「衰えた内臓を次々取り替えていけば長生きできるとして、では、最後に残る部品は何だい?」

「脳だよ」と彼は答えた。脳の寿命はだいたい一二〇歳程度で、現在のところ、それが究極の天寿ということになるらしい。この脳の衰えを促す要因は、言うまでもなくボケである。では、ボケを抑える妙薬はないのか。渥美氏は「問題を発見する能力」の高い人ほどボケないと指摘する。

「人間、やっぱり心配しなきゃだめだね。いろいろと心配して問題を発見するほど、それを解決しようという気力も湧いてくる。それが長生きの秘訣だよ」と教えてくれた。

現状に満足して、何事も「これでいいや」となったら、もう本当にボケてしまうそうだ。すなわち、人間の脳の働きは「心配する」ことによって活性化されるわけである。以前、私はこのことを松下幸之助さんにお話ししたことがある。すると、〝商売の神様〟はこう言われた。

「さよか。それなら、皆がわしを長生きさせてくれるわ」

これは冗談でもなければ、皮肉でもない。大まじめなのである。

重量だけで原価を言い当てた〝神様〟

実際のところ、松下幸之助という人の好奇心は別格だった。長年仕えて、つくづくそう実感した。あれだけの偉大なトップでありながら、何でも自分の目で確かめなければ気がすまないし、細かいところにまで驚くほど気が回る。決して現状に満足することなく、それこそ次から次へと問題を見つけては、解決するのを楽しむかのようであった。

これは、私が松下電器でビデオカメラの開発をしていたときのことである。

初期のカメラには電気を食い過ぎるという問題点があった。そのため、研究を重ね、ついに従来品に比べて消費電力が半分ですむという製品を開発した。これだとバッテリーの寿命が二倍以上も伸びる。

ところが、うっかり松下さんに「このカメラはバッテリーの消費量がうんと減りました、半分以下です」と言ってしまったから大変だ。すぐさま「きみ、この電力の消費量って、一時間あたり何ワットや?」と質問が飛んできた。私は慌てた。というのも、正確なワット数を覚えていなかったからである。

並の経営者なら、消費電力が半分になったという報告だけで満足して、「よし、よくやった」となるところだろう。しかし、松下さんは具体的な数字まで、すべて自分で把握しないと気がすまない。神様の神様たるゆえんであった。

似たような話はいくらでもある。郵便局の貯金の出し入れを自動化する窓口会計機――この開発を私は日本で一番最初に手がけたのだが、そのとき、松下さんに「きみ、この機械は目方はなんぼや?」と尋ねられた。私は内心、どきりとした。当初の製品は構造がじつに複雑で、部品点数が約三〇〇〇もあったからである。

「重量は約三六キロです」と答えると、今度は「これをいくらで売るんや?」と来た。たしか当時の価格は四〇万円ぐらいだっただろう。その値段を聞いて、松下さんは私をこう諭した。

「きみな、これはなかなか利益が出ないよ。それだけの目方と部品の数があって、四〇万円というのはちょっとキツイで」

松下さんが製品を見たのは、そのときが初めてだった。ところが、部品の数と機械の重量、それだけで原価の見当をつけられたのである。

よく知られるように、三洋電機の創業者・井植歳男さんは松下さんの義弟にあたる方である。この方も初めてお目にかかったときに、いきなり「きみな、ここにある灰皿、原価はなんぼや?」と尋ねてきた。そんなことを聞かれても、私には灰皿の原価など見当もつかなかった。

ところがそれ以降、井植さんは会うたびに私に尋ねた。「これ、原価なんぼやと思う?」。そうなると、こちらも一生懸命になって勉強する。そしてそのうちに、経営にとって、あるいは技術開発にとって原価というものがどれほど大切かが、身にしみてわかってきたのである。

情報と経験の蓄積からパターン認識が生まれる

いま、日本の経済について専門家たちは、難解で、なおかつ不毛な議論ばかり繰り返している。彼らに「この品物の原価はいったいいくらか」と尋ねても、おそらく答えることはできまい。それは、そういうことを考えたこともなければ、考える必要に迫られたこともないからである。

私は、松下さんや井植さんをはじめ、すぐれた経営者の方々に鍛えられたおかげで、どの品物を見てもおよその見当はつく。たとえば、時計の中身である。これをムーブメントという。

このムーブメントの販売で世界のシェアの四〇パーセントを占めているのが、じつは日本のシチズン時計である。私は、時計の蓋を開けて中を見た瞬間、同社のムーブメントの原価がすぐにわかった。

「これは×××円でしょう」――向こうの社員が驚いたのはいうまでもない。原価の話というのは、企業にとっては秘中の秘だからである。絶対に外部には漏らさない。しかし、この原価だからこそ、世界のシェアの四〇パーセントを押さえられたのである。

この原価の例のように、ひとつのテーマを追いかけているうちに身についた直観的な経験知を、「パターン認識」と呼ぶ。ある分野の情報に繰り返し接することで、そこに、共通のパターンが存在することがわかり、それを応用して瞬時に判断が下せるようになるのだ。いわゆる「眼力が鋭い」とか「目が肥えている」というのは、このパターン認識のことである。

昔、質屋の小僧に入ると、まず徹底的に「本物」を見せられ、覚えさせられたという。本物に対するパターン認識ができあがれば、そのパターンにはまらないものを「にせもの」として見分けられるようになるからだ。現代でも、画商などは同じようにして訓練されている。

現場現物主義こそマーケティングの基本

現代の経営には、市場からの情報を多角的に分析して、顧客のニーズを発見する技術が欠かせない。いわゆる「マーケティングリサーチ」である。これも本来は、単なるデータ解析ではなく、「現場現物主義」に基づく情報収集でなければならない。販売や消費の現場へ赴き、エンドユーザーの行動を自分の目で確かめなければ、問題解決の決め手になるような情報は手に入らないからだ。

とはいえ、せっかく現場へ見に行っても、わからない人がいる。何も発見できない人がいる。これでは見に行ったことにならない。もちろんただ漫然と見ているだけでは、見抜けない事実もある。それなら質問すればいい。重要なのは、現場でいま何が起きているのか、という問題意識だ。そうして自分の目で確かめれば、本当の意味での現場の実態が明らかになってくる。

そして、対策も立てやすくなる。

ちょっとおもしろい話がある。以前、名古屋のある味噌と醬油の会社から相談を受けた。名古屋では業界の競争が激しく、苦戦しているという。聞くと、この会社の販路はふたつあった。ひとつは酒屋、もうひとつはスーパーマーケットである。酒屋ルートは当然、取引先の店主が売ってくれればいいわけだから、方法論は明らかである。いろいろなサービスをしたり、リベートを出したり、要は営業活動がものを言う。問題は、スーパーマーケットでの販売実績であった。

そこで、私はあるスーパーマーケットを紹介してもらい、実際の販売の現場を検証してみることにした。すると、驚くべき発見があった。

まず醬油の場合、醬油はシマで売っている。シマとは特別に用意された陳列台のことで、そのなかに商品をずらりと並べ、値段を書いたビラをぶら下げるのである。

一方、味噌は各社製品とも同じサイズの袋に入れられ、棚いっぱいに並んでいる。この売り場をよく観察していたら、意外なことに気がついた。

顧客のなかに、手にとった味噌の袋を裏返す人がいる。袋の裏面には味噌の使い方やさまざまな特徴が、細かく刷り込まれている。それを読んでいるのだろうと、私は思った。それはいいのだが、裏返した人はそのまま味噌を棚に戻していく。すると、次に来た客はその裏返しになった袋には触らない。店員もこの傾向を把握しており、ときおり元へ戻しにやってくる。

そこで、私は味噌の袋を裏返しにした客たちに、

「先ほど、あの味噌の袋の裏を読んでいらっしゃいましたが、何が書いてありましたか？」

と聞いてみた。すると、ほとんど誰も覚えていない。結局、裏返すという行動に特別の意図はなかったのだ。一種の条件反射に過ぎない。だから、また無意識に裏返しのまま棚に戻してしまう。しかし、それでは次のお客が手にとってくれない。

私は味噌会社にこう提案した。

「どうせ裏面は読まないのだから、表も裏も同じデザインにしよう。いくらひっくり返しても表が出るようにしよう」

もちろん、それが成功するとは限らない。そこで、両面同一印刷のサンプルを二〇〇個つくり、従来品二〇〇個と並べて売ってみた。なんと売上げが二割も違った。表裏同じにした袋のほうがよく売れたのである。

結果は歴然と表れた。これが現場現物主義である。

エコノミストなら、ここで、「どういう顧客が買ったのか」とか、「なぜ商品が裏返しだと買わないのか」と、顧客心理を分析したがるかもしれない。しかし、あえて理由を見出す必要などないし、そんな理屈はどうでもいい。へたに理論化すると、それがまた思い込みとなって、

次の新しい変化を素直に受けとめることができなくなってしまう。要は、商品が売れたという結果がすべてであり、それが経営の根本原理なのだ。

だからこそ、現場をただ見ればいいというのではなく、そこから何をつかむかが勝負になる。

偶然も必然と説くマスコミ報道

誤解しないでいただきたい。私はこうして、しょっちゅう製造や販売の現場へ出かけているが、行く先々でいつも何か変わったことがあるわけではない。むしろ淡々と日常業務が繰り返されるのが、現場の常である。それでも頻繁に足を運んでいればこそ、たまに起きる些細な変化に目が行くのだ。

それに引きかえ、世間では、人々をいたずらに刺激する煽情的なニュースが毎日のように飛び交っている。前にも述べたが、私たちは情報を得るのに、新聞や雑誌、テレビといったマスコミをよく利用する。これらは私たちの知識欲を満足させてくれるという意味では、貴重な情報源だ。ところが、マスコミもビジネスである以上、その情報にニュース性がないと競争に生き残れない。つまり、刺激慣れした現代人が好奇心をそそられ、びっくりするような情報でないと、それはニュースにならないのだ。

そうはいっても、現実の社会は、びっくりするような出来事ばかりで成り立っているわけではない。むしろびっくりしない、当たり前のことが大部分であって、そのなかにときおり、そうしたびっくりする事件が、ある種の〝誤差〟として混じってくるというのが真実であろう。しかし、それはかならずしも必然性があって起きた事件ばかりとは限らない。

そこで、次に必要になってくるのが、好奇心を発揮してかき集めた情報の内容に必然性があるか、あるいは偶然の産物なのかを見極める作業だ。これが、情報を取り扱う際の二番目のステップ、「情報の分析」である。

以前、神奈川県川崎市の竹藪に何億円かの大金が落ちていたという事件があった。だからといって、毎日竹藪に金を探しに行く人はいない。インパクトの強いニュースだが、どう見ても偶然であり、事件としては誤差の範疇だとわかるからだ。

ところが、「株を守りて兎を待つ」のたとえもある。戦国時代の宋の農夫がたまたま、走ってきた兎が切り株にぶつかって死んだのを見た。以後、仕事もせずに切り株を見張っていたが、二匹目は現れず、畑の収穫もできなかったという故事に基づく、『韓非子』の戒めである。

良きにつけ悪しきにつけ、何か事件が発生すると、そこに必然的な理由があったと思い込みたがるのが、じつは人間の習性なのだ。私たちもこの農夫のように偶然を必然と錯覚し、また起きるはずだとあてにする愚かさを秘めている。

マスコミなど事件を報道する側からしても、世間の耳目を集めるためには、すべて必然性があったかのように説明したい。何か一大事があると、識者がコメントを求められるのはそのせいだ。これはこういう原因や背景があって起きた事件である、と理論づけてニュースを〝補強〟してもらうのである。たしかに読めばもっともらしい理屈がついているので、読者は一応納得する。事件は起こるべくして起きたものだと、誰もが信じ込んでしまう。

しかし、それは限りなくフィクションに近い。現実をおのれの理屈に、無理やりあてはめているといってもいい。だから、私たちとしては、ある出来事が必然性のあるものか、偶然の産物かを見分けるという作業が重要になってくる。

大数の法則と層別の原理

そのためのもっともわかりやすく、普遍的な手法は「大数の法則」である。

偶然というものは滅多に起きないから、たくさんの事例を検証すればするほど、確率が下がって消えていく。つまり、できるだけランダムに多くのデータを「大数観察」し、平均値を出せば、極端なサンプル＝偶然の産物をはじくことができるという理論だ。ひとつの情報に接したとき、それに関連する情報、データまでよく見ろというのは、このことである。

ただし、現代のように変化が激しく、複雑な時代には、平均値だけですべてを割りきるのは乱暴に過ぎる。たとえば、平均失業率が五パーセントを超えて大問題だといわれているが、業種別職種別に求人倍率を細かく見ていくと、驚くべきことに、なかには五倍や一〇倍といった数字が見つかるのである。鉄筋工や光学機械の組立工、看護婦や薬剤師といった専門職では、人手不足が深刻なのだ。逆に、一般の職種は人材がひどくだぶついている。

雇用問題を平均値だけで把握しようとすると、この数字の開きは誤差として切り捨てられかねない。だが、決して誤差でもなければ、偶然の産物でもない。より細かく見ていくと、急速な産業構造の変化によって、求人・求職のミスマッチが進んだことが問題の本質だとわかるのだ。つまり、情報として必然性がある、ということになる。

このように、性別、年齢、職業、生活環境など、本来さまざまなクラスター（集団）に分けられるサンプルを十把ひとからげにして集計し、データを取ると、誤差が大きくなって、実態を反映しない情報しか得られないものである。問題解決の際、こうした事態が予想されるときは、あらかじめ均一的なグループに分け、そのグループごとにデータを取って比較すればいい。

これを「層別の原理」という。

平均値では語れない街・東京

市場についても平均値だけで見ると、方向を誤りやすい。消費の現場へ足を運んでみると、その実態が地域の特性によって、さらに複雑に入り組んでいることがわかるだろう。

東京を例にとって説明しよう。ひとくちに東京といっても広い。渋谷に集まる若者と新宿に集まる若者は違う。

最近、もっとも話題を集めているプレイスポットといえば、お台場である。私も行ってみたが、さすがにものすごい人出だった。といっても、いわゆるファミリー層が多く、決して流行の最先端を行くような遊び慣れた人々が集まっているわけではない。象徴的だったのは、フジテレビのエスカレーター前にできていた行列である。待っていた人に「これに並べば、いったい何が見られるのですか?」と聞いてみると、「よくわかりませんが、あの上に上がれます」と教えてくれた。たったそれだけの理由で、エスカレーターは押すな押すなの大盛況なのである。

その屈託のなさはいかにも庶民的で、古い言葉でたとえるなら、まさに「善男善女」そのものであった。お台場は、そうした健全な人々の、健全な欲求を満たす休日の遊び場なのである。あそこへ行くと、東京の大衆がいま、どういうものを欲しがっているかが、なるほど実感としてよくわかる。

同じ日に、渋谷にも足を向けてみた。すると、街の雰囲気がガラリと変わる。第一、歩いている〝人種〟がお台場とはまったく違うのだ。「いまどきの若者が見たければ、渋谷へ行け」といわれる通り、なるほど若者が多い。私からすれば見るに耐えない恰好をした連中があふれかえり、あちこちで路上パフォーマンスをやっている。ところが、そういう話だけを聞くと、東京中の若者が渋谷に集まり、歌やダンスに興じているような気がするが、そうではない。全体から見ると、むしろそれは少数派である。同じように人が集まっていても、そうした光景はお台場ではまず見られない。

もともとお台場という場所は交通の便がよくない。せいぜいモノレールか高速道路、それぐらいしかない。ところがそういう場所に、休日ともなると家族連れを中心に何十万人という人が集まってくる。それはなぜか。彼らの一番の目当ては、広大なショッピングセンターである。ずらりと並ぶ六〇以上もの店舗で、ショッピングを満喫しているのである。こうした光景を見ると、「不景気だから……」という言い訳は通らない。やはり魅力のある場所には、かならずお客は集まる。それだけの話だ。

従来は、商店街をつくれば、どこでも同じようなタイプの消費者が来ると思われていた。ところが、いまやこのお台場に象徴されるように、ファミリーならファミリーだけをターゲットにして、それにふさわしい設備をつくれば、意図した通りの客が集まる可能性はきわめて高い。そこにお台場はお台場の、新宿は新宿の、渋谷は渋谷の地域特性が生まれるのだ。これは非常に刺激的な現実である。

しかし街を、消費を喚起する一種の〝装置〟ととらえるならば、その性能は集客数だけで測れるものではないだろう。その典型例が銀座である。銀座には最近、海外の有名ブランドが相次いで出店しているが、だからといって賑わっているかというと、そうでもない。むしろガラガラである。

それでいいのだ。つまり、銀座は大勢の人で混み合うような繁華街ではなく、世界の超一流だけが集まるステイタスの街なのである。イメージとしては、パリのシャンゼリゼやニューヨークの五番街に近い。そのステイタスが銀座を銀座たらしめている特徴であり、多くの老舗企業が銀座から離れない理由もここにある。

たとえば、銀座といえば資生堂というほど縁の深い資生堂は、最近、みごとな新社屋を建てた。企業規模があれだけ巨大化しながら、本社は創業以来の地に踏みとどまっている。何といっても「東京・銀座・資生堂」が同社の看板であり、絶対的なアイデンティティだからである。

こうして商圏を細分化して見ると、大切なことがわかってくる。つまり、同じ東京でもエリアや時間帯によって集まる客層が違う。客層が違えばそれぞれのニーズも違い、当然のこと、商売の手法や消費のありようも違ってくる。これが実態なのである。

こうした分析の手法を、対象をグルーピングするという意味で「層別」という。嗜好の多様化が加速する現代においては、オフィスのデスクで商圏全体、あるいは消費者全体を漠然と眺めていても、正しい答えはつかめない。現場へ赴き、そして具体的に層別してみよ——それが、エリア・マーケティングの基本である。

データが表しているのは実態の一部に過ぎない

偶然をあてにして、これに賭けるのは博打《ばくち》である。世の中には、その博打で儲けている人もいる。こういっては失礼だが、金融・証券業界はそれに近いものがある。

とはいえ、そういった〝ギャンブラー〟も、やはり何らかの手がかりが欲しい。そこで、いろいろな情報をかき集めるものの、さあ、それをどう解釈するか、これで苦労している。

経済の趨勢を見極め、適切に対応するには、基礎的なデータをもっていなければ話にならない。その基礎データになるのがさまざまな経済指数である。幸い、日本ほど経済についての統計がしっかりしている国は、世界でも珍しい。この数字をよく読めば、一定の方向性は見えてくるわけだ。

ところが、マスコミが数字を使って解説する経済動向を鵜呑みにするのは非常に危うい。再三指摘したように、彼らは世間の耳目を集めることを第一に考えるから、どうしても全体より部分を強調して、情報をデフォルメしてしまう傾向がある。たしかに発表される個々の数字は、経済の実態の一部を反映しているかもしれないが、それをもってすべてを語ることはできない。

情報やデータとは、ある実体の影のようなもので、光を当てる角度が変われればかたちも変わる。だからこそ、多角的に見て複眼的に分析していかなければ、全体像を見誤ってしまうことになるのだ。

たとえば、いま金融・証券業界が大混乱していて、それが日本経済崩壊の引き金となるかのようにいわれている。しかし、日本のGDP五〇〇兆円の構成比を見ると、金融・保険業はそのうちのわずか五パーセントで、二五兆円に過ぎない。一方、製造業の貢献した額は一二三兆円、二五パーセントという圧倒的なシェアを示している。この規模の違いに目をつぶり、金融危機ばかり言いたてるのは、いい加減にやめてもらいたい。

それから景気対策というと、世間は必ず政府の財政出動をあてにするが、これもばかげている。もともと政府が使える資金は七〇兆円前後に過ぎない。それにプラスアルファするぐらいで、大したことはできないのである。これに対して、個人消費は三〇〇兆円にのぼる。ふたつの数字を比較すれば、本当に日本経済を支えているのが誰なのかは明らかであろう。

二、三年前だったか、テレビの座談会に出たら、ある議員が、政府は不況対策として一六兆円を出すと、こればかり偉そうに言う。私は頭に来て、こう言ってやった。

「去年、パチンコの売上げがいくらだったかご存じですか？　二二兆円でしたよ」

つまり、不況対策などといっても、パチンコの売上げの七割程度しか出せないのが政府の実力なのだ。議員が自慢していた一六兆円など、個人消費の額に比べるとものの数ではない。

日本経済を担うのは、まぎれもなく民間の活力である。データを複眼で見れば、それは一目瞭然だ。ところが、マスコミの数字の取り上げ方は一面的かつ恣意的で、政府寄りの話しかしない。そのため、国民の目には日本経済がまるで政府主導であるかのように映るのだが、あれは絶対に間違いである。

もうひとつ、象徴的なエピソードがある。

先日、あるテレビ局のニュースを見ていたら、日本の貿易黒字が増えたというアナウンスと同時に、画面に自動車の映像が流れた。あんまりひどいので、私はその局の担当者に電話をかけて、「おたくのニュースは〝ニュース〟じゃなくて、〝オールド〟だ」とどなりつけた。本来、事実を伝えるべきマスコミが、「日本の輸出といえば自動車」という固定観念にここまで凝り固まっていたとは――。これでは国民が誤解するのも無理はない。

日本の輸出構造はこの五、六年でドラスティックな変化を遂げている。そのことが、意外なほど一般には浸透していないのだ。たしかに過去の輸出商品を振り返ってみると、一〇年以上前は自動車とか家電製品のような、いわゆる耐久消費財が七割以上を占めていた。ところが次ページのグラフを見ると、九〇年代前半を境に、資本財が耐久消費財を逆転しているのがわかる。資本財とは、モノをつくるのに必要な素材や部品、工作機械などの生産財のことで、いまではこれが総輸出の七割を占めるようになった。それに対して、耐久消費財の輸出はわずか二割そこそこにとどまっている。

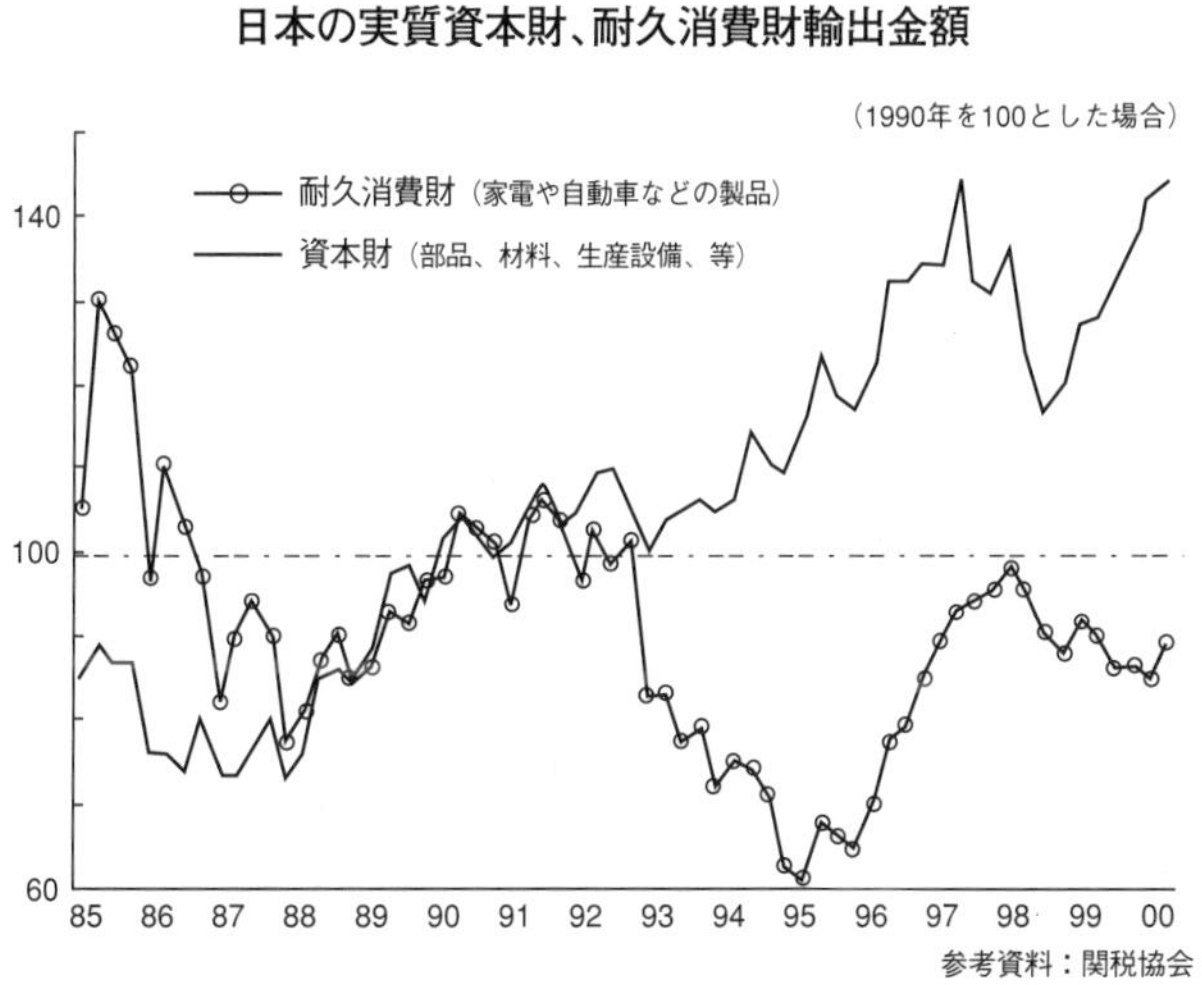

いまだに日本の貿易黒字の原因は自動車だと考えている人たちに、私はこの事実をもっと大きな声で訴えたい。日本の製造業の構造は一変したのである。日本が資本財を輸出し、相手国内でそれを完成品に組み立てれば、付加価値は相手国に残る。つまり、共存共栄の関係がそこに生まれるわけだ。自動車の製造も、いずれは国内生産より海外生産のほうが上回る。これはもうはっきりしている。

日本は天然資源が乏しいが、それを高度な技術で加工した「人工資源」（資本財）を、世界に対して独占的に供給できるのが強みだ。いまやどの国も日本からその資源を買わなければ、モノをつくれない時代に入ってきたということである。

情報を捨てる――パレートの法則

収集した情報のなかから、必然性のないものを誤差として取り除き、残った情報やデータを複眼的に分析したら、今度は実際に問題解決に使う情報だけを選ぶ作業が必要になる。これが、情報を取り扱う三番目のステップ、「情報の取捨選択」である。言葉を換えれば、これは問題の本質を的確に把握するために、情報を〝捨てる〟作業だともいえる。

なんでもかんでも情報を集めたがり、そのすべてに目配りするのが、精度の高い問題解決だと思っている人がいるが、それは違う。分厚いだけの報告書はかえって問題の本質や原因を見えにくくし、労力を無駄にするだけだ。その根拠になるのが、有名な「パレートの法則」という理論である。

一八九七年、ヴィルフレード・パレートというイタリアの経済学者が、さまざまな統計資料を調べているうちに、そこにある法則性を発見した。それは、ある現象や結果の八〇パーセントは、さまざまな原因のなかの二〇パーセントによって引き起こされるというものである。この原因と結果の連関性を、「パレートの法則」と呼ぶ。

たとえば、あなたがある仕事をやり遂げるのに、まる一昼夜二四時間かかったとしよう。この場合、仕事の実質的な成果の八〇パーセントは、費やした時間の二〇パーセント、五時間足らずの努力から生じたことになるのだ。にわかには信じ難いが、詳細に検討するとたいていそうなる。

この法則を経営にとり入れて成功した企業が、コンピュータメーカーのＩＢＭである。ＩＢＭは、一般のユーザーがコンピュータを使う場合、使用時間の八〇パーセントが全機能の約二〇パーセントに集中しているという事実に気がついた。このデータをもとに、頻繁に使われる二〇パーセントの機能をより使いやすく改良し、売上げを伸ばしたのである。

したがって問題解決においても、その結果を左右するような価値ある情報というものは、じつはそう多くないということだ。こういう例もある。

ある店の売上高の予測を依頼された学者が、計量経済学モデルを使い、何種類ものデータを複雑な連立方程式にあてはめて計算したが、さっぱり当たらなかった。ところが、次に依頼された学者は、たった一種類のデータを使って、正確に売上高を予測したというのだ。ちなみに、その学者が使ったデータとは、その店舗の前を通る道路の交通量であった。

量よりも質——決め手となる、最小限の情報を効率よく選び出すことが肝要である。

郵便はがき

料金受取人払

麹町局承認

8396

差出有効期間
平成15年11月
30日まで
切手はいりません

102-8756

東京都千代田区三番町3－10
PHP研究所 新書出版部
ＰＨＰ新書係 行

フリガナ			性　別　1. 男　2. 女
お名前	(姓)	(名)	生年月日（M・T・S・H）　年　月　日生
ご住所	〒 ●電話　(　　)　●FAX　(　　) ●Ｅメールアドレス (　　)		
ご職業	□会社員　□公務員　□自営業　□農林漁業　□主婦 □学生　□その他（　　）		

◎愛読者登録のおすすめ

愛読者登録を頂きますと、ＥメールやFAX、DMで弊所の新刊案内などをお届けいたします(無料)。⇨	●登録を… 希望・不要

弊所ホームページでも受付中　http://www.php.co.jp/

このたびはＰＨＰ新書をお買い上げいただき、ありがとうございました。
今後の編集の参考にするため下記設問にお答えいただければ幸いです。

お買い上げいただいた本の題名

◇この本を何でお知りになりましたか。
1. 新聞広告で（新聞名　　　　　　　　）　2. 雑誌広告で（雑誌名　　　　　　　　）
3. 書店で実物を見て　4. 弊所のホームページで　5. 人にすすめられて
6. 新聞・雑誌の紹介記事で（新聞・雑誌名　　　　　　　　）
7. 弊所からの新刊案内で　8. その他（　　　　　　　　）

◇書店で本書の購入を決めた理由は何でしたか（複数回答可）。
1. 書名・テーマにひかれたから　2. 執筆者が好きだから
3. 前書き（後書き）を読んで面白かったから　4. 目次を見て興味を持ったから
5. このジャンル（例：経済・歴史・科学など）に興味があるから
6. その他（　　　　　　　　）

◇最近お読みになった新書（ＰＨＰ新書、他社新書共に）の題名をお教えください。

◇本書の読後感をお聞かせください。
1. 面白かった（大変・普通・不満）　2. わかりやすかった（大変・普通・不満）

◇定期購読新聞・雑誌名をお聞かせください。
（新聞　　　　　　　　）（雑誌　　　　　　　　）

◇本書についてのご意見・ご感想、これから読みたいテーマをお聞かせください。

※あなたのご意見・ご感想を本書の新聞・雑誌広告・弊所のホームページ等で
1. 掲載してもよい　2. 掲載しては困る　3. 匿名ならよい

第三章

アイデアを設計する

「こうすればこうなる」という予測

問題をとりまく環境から情報を収集し、分析し、取捨選択したら、それをもとにして解決案を発想するのが、次のステップである。状況の変化や競合相手の動きを見抜き、そのパターンを読んだうえで、いかにそれに備えるか、あるいは先手を打つか。いずれにせよ、解決案とは「こうすれば（行動）こうなる（結果）」という、一種の予測にほかならない。この予測を立てることが、問題解決の中核をなすプロセスである。

ところで、ある行動とそれによって生じる可能性のある結果との関係は、通常、次の三つのケースに分けられる。

①確実性

ある行動をとれば、かならず一定の結果が得られる状況をいう。たとえば、定価で一個一万円の商品を一〇個買う（行動）と、出費（結果）は一〇万円になる。自動車をある地点から時速五〇キロで走らせ続ける（行動）と、二時間後には一〇〇キロ、三時間後には一五〇キロ離れた地点に到達できる（結果）、といった場合である。

②リスク

行動の結果を確率的にしか予測できないのが、このリスクの状況である。身近な例が、天気予報だ。

「明日の降水確率は七〇パーセントです」という場合には、「雨が降る」という人間の予報（行動）に対して、それが当たる（結果）確率が七〇パーセントだということである。私たちはよく、「きょうの勝負は、悪くすると七・三で負けるだろう」などというが、これは勝負に勝つ確率が三〇パーセント、負ける確率が七〇パーセントという意味を示す。「勝てるかどうか何ともいえない」というときは、確率は五〇／五〇というところだろう。これもリスクの状況といえる。

③不確実性

これは、もっとも予測が困難なケースである。ある行動によって生じる結果がいくつか予想され、しかも、そのどれが現実に起きるかは確率的にも表現できないというのが、この不確実性の状況である。

解決策を求めて予測を立てる際、私たちが直面する状況は、当然、②か③である。情報活動の精度を高めることで、③の事態を少しでも避けることは可能だが、それでも不確実性をゼロにすることは現実には無理だ。ある時点では「確実、間違いなし」と思っても、時間が経過してさらに状況が変化したり、競合相手が思わぬ行動に出たりして、予測に狂いが生じることは避けられない。

そこで、後述するようなフィードバックの手法やミニマクスの原理など、予測の誤差を修正する方法論があるわけだが、そうした対応については、実際に解決策を選択し、運用する次のステップで考えることにしよう。第一章で述べたように、このプロセスでは、解決策はひとつではないということに注意し、むしろ発想の枠を大胆に広げることが肝要である。

マッチングがアイデア開発の要諦

予測とは、未来を言い当てることにほかならない。しかし、行動と結果の必然性を証明するのに利用できるのは、現時点を含めて過ぎ去った過去の情報だけである。つまり、過去においてこうだったから、未来でもこうなるに違いない、という論理に拠《よ》って立つしかないわけだ。

しかも、過去に偶然起きたことを根拠にして予測を立て、その通りの結果が得られたとしても、それはまぐれ当たりでしかない。過去に偶然ではなく、再現性のあることが確認された情報しか予測には使えないのである。再現性とは、もう一度繰り返したときに同じ結果が得られるということだ。

こういうことをいうと、「それでは新しい発想など生まれないではないか」という人もいるだろう。しかし、そういう人は予測や発想というものを、まるで天の啓示のように考えてはいないだろうか。

問題解決の枠組みを思い出してほしい。それは、論理的・分析的な思考のプロセスであったはずだ。したがって、問題を解決するためのアイデアは、発見したり、ひらめいたりするものではなく、いってみれば「設計」するものだと考えるのが正しい。どんな発明や発見、あるいは理論であっても、自分がそれまでに学習し、ストックしておいた知識や技術を新しく組み合わせなければ、出てくるはずがないからである。

もうおわかりだと思うが、ここで重要なのは、過去に知り得た情報の「新しい組み合わせ」という考え方である。この組み合わせの妙、すなわち「マッチング」こそがアイデア開発の要諦であり、問題解決にたずさわる者の腕の見せ所だといえるだろう。

特殊相対性理論の発見が誰の功績かは言うまでもないが、しかし、科学史の専門家の間では、かりにアインシュタインがいなくても、彼の理論は少なくとも数年以内に別の誰かによって発見されただろうといわれている。また、ほかのほとんどの発見や発明も同様だと考えられている。つまり、科学技術の進歩とは、ひとりの天才によって偶発的にもたらされるものではなく、いわば歴史の必然として、時代そのものが求め、導き出す変化だというわけである。

画期的な理論も結局は過去の知識のマッチングだとわかれば、この説明は合理的だ。もちろん、だからといって、「新しい組み合わせ」を導き出したアインシュタインの独創性、先見性はいささかも損なわれるものではないが――。

何をいまさらＩＴか

このマッチングの方法論をマーケティングにあてはめると、「用途開発」というキーワードが浮かび上がってくる。「シーズ型」の商品開発といいかえてもいいだろう。

新しい製品やビジネスを開発する筋道には、じつは二通りある。ひとつは、世の中ではこういうものが求められているのではないかという要求（ニーズ）を発見し、それを商品化する「ニーズ型」だ。これに対して、まず技術的な「種」（シーズ）を開発し、それを活かすニーズと組み合わせることによって、用途や手法を具体化していくのが「シーズ型」の商品開発である。最近は、シーズになりうる技術革新の可能性が続々と報告されている。

ＩＴ関連の新技術はその代表的存在だ。

ところが、これを何に、どう使うか。まさに、用途開発が問題なのである。経済の専門家やマスコミは口を開けば、「本格的なＩＴ革命の到来だ」とか、「パソコンはもう古い、これからはモバイルだ」と建て前のお題目ばかり唱えるが、それが何に有効なのか、どんなふうにビジネスになるのか、いくら聞いてみてもはっきりしない。無理もないだろう、説明している当人もわかっていないのである。明確な答えが出てこないのは当たり前だ。

たとえば最近、ＩＴ時代に不可欠な高速・大容量の情報通信インフラとして、光ファイバーによるネットワークを整備しなければならないという論議がある。いわゆるブロードバンド構想である。あちこちでいっせいに手が上がり、なかには、下水道のなかにまで光ファイバーを引くという話もあった。構想自体はいいが、実行するとなると厄介なことが多い。

一番の問題は、最終的に各家庭につなぐ線をどうするか。これを「ラスト・ワンマイル（最後の一マイル）」というが、たとえば道路を横断して光ファイバーを引こうと思うと、日本ではさまざまな規制にひっかかって、そう簡単にはいかないのだ。そのため、せっかく目の前まで光ファイバーが来ているのに、引けない、使えないといった話をいたるところで聞く。

もっとも光ファイバーも、ＩＴ技術を支える道具のひとつに過ぎない。何に使うかという用途を考えずに引くだけ引いて、それを遊ばせている例もずいぶんあるようだ。ＩＴだ、ブロードバンドだと掛け声だけは華々しいが、日本人にとってそれはいまひとつ地に足のつかない代物になっているのではないか。

情報通信技術の重要性が喧伝《けんでん》されるのは、なにもいまにはじまったことではない。かつて日本では、こういったことが「ニューメディア」という言葉でもてはやされた。八〇年代後半のことである。

たとえば、一般の家庭までケーブルを引こう、そして、それにテレビの番組や文字情報を流そう、さらには逆方向にも信号が行くようにしよう、と。いわゆるＣＡＴＶ（ケーブルテレビ）

を使ったインタラクティブ（双方向）メディアの試みである。こうした新しい技術の可能性について、日本中で大騒ぎをした時代があった。さまざまなベンチャーも生まれ、消えていった。

ＣＡＴＶについては、実際に政府主導で二カ所の実験設備までつくられた。ひとつは多摩ニュータウン、もうひとつは大阪の東生駒だった。所管は科学技術庁ではなく、新技術の導入を〝規制〟する側の郵政省と通産省であった。このあたりが非常に日本的である。

東生駒では、一般の家庭にまで同軸ケーブルを引き、加入者とデータ送信センターの双方にテレビカメラを設置した。テレビショッピングやテレビ授業など、双方向コミュニケーションの可能性が試されたのである。しかし、その後の話は聞いたことがない。大量の資金を投入したにもかかわらず、いつの間にか沙汰やみになってしまった。いまのＩＴさわぎでも、同じような話がむし返されているが、またやるつもりかと、私は皮肉な思いで見ている。

そのニューメディア・ブームの少し前、東京・練馬区に「光が丘パークタウン」という新しい街が生まれた。住宅公団が「二一世紀の未来都市」と高らかにラッパをふいて、開発に注力したプロジェクトである。そこで、この街に新しいケーブルを引こうということになり、当時としては最先端の光ファイバーを導入した。

じつは私もこの計画に直接関係していたのだが、問題はやはり、これを何に使うかであった。一般の家庭のテレビというのは、まだチャンネルの数が少ない。そこで、このケーブルを利用して、光が丘に設置してある計一八三基のエレベーターの集中監視をやることにした。エレベーターにカメラをつけ、光ファイバーで中央のモニターと接続したのである。

これをやったのには、ある切実な理由があった。当時、高層団地で大問題になっていたエレベーター犯罪である。夜中に帰ってくる女性はエレベーターに乗るのがおそろしい。自衛策として、エレベーターを一階ずつ止めてドアを開くということさえやっていた。万一のときはすぐ逃げ出せるように、だ。そこで、その手のエレベーター犯罪を防止するために、この光ファイバーを使ったのである。

そうすると、集中監視をしているというだけで、エレベーター犯罪はほとんどゼロになった。また、子供が悪戯《いたずら》をすると、これも集中監視のカメラですぐわかる。スピーカーを通して怒鳴ってみたら、子供はもうエレベーターのなかで悪戯をしなくなった。

そんなふうに一応の成功は収めたけれども、その程度では大したメリットはなかったかもしれない。

いずれにせよ、いまでこそＩＴ時代といわれるが、日本ではかなり以前から世界最先端の技術を日常の生活空間にまで導入し、実験を重ねていたのだ。その有形無形の成果が、いまにつながっている。私からすれば、ようやく機が熟したわけだ。

沖縄の経済活性化は「距離」の克服から

私が沖縄で開拓したIT産業の実例を紹介しよう。これは三年間で五〇〇〇人以上の雇用を喚起し、いまこのビジネスがブームになりつつある。

事の起こりは、沖縄の産業活性化のための委員を引き受けたことだった。当時、沖縄の失業率は一〇パーセントと本土の二倍以上もあり、経済の活性化は焦眉の急であった。そこで、防衛施設庁が資金を出し、沖縄の各市町村が提案した事業に応えていくというプロジェクトが立ち上げられたのである。

ところが、委員会では「これからは観光です」「大きなビルを建てたい」「いや、自由貿易地帯ができたから、そこに工場を持ってきたい」などと、無難な提案しか出てこない。

私は、「皆さん、沖縄の観光資源は何ですか?」と聞いてみた。すると、ひとりの委員が「そりゃ、ここは景色がいいし、暖かいし……」と答えたので、私はこう切り返した。

「しかし、観光客が一番関心を持っているのは何か知っていますか? それはお土産ですよ」

日本人があれだけ高いお金を出してヨーロッパへ行く。その連中がお土産に、どれだけブランド品を買って帰ってくるか。もはや観光地そのものの魅力だけでは、人は呼べないのである。

ただ、そういう批判をしただけでは仕事にならない。そこで逆に、沖縄の最大の問題点は何かというところから、アイデアの設計をはじめたのである。

沖縄の最大のネックは「距離」である。とりわけ日本経済の中枢である東京との距離は大きい。しかし、距離のハンデは通信技術でカバーすることができる。そこで郵政省にかけあい、沖縄と本土を結ぶ通信回線を安いコストで利用できるようにするための特別立法をした。これが大きなブレイクスルーとなったのである。

もちろん、それだけでは商売にならない。「距離の問題はIT技術で克服できる」というシーズの知識に、「それを何に使うか」という情報を組み合わせてはじめて、ビジネス戦略として成立するのだ。まさしく用途開発ということである。そこで私は、コールセンターサービスというビジネスの創出を提案した。

コールセンターとは、商品のトラブル処理センターやインフォメーションサービスのように、商品やサービスに対する消費者からのさまざまな問い合わせを電話で受け付けるところである。とくにパソコンの場合、専門的な知識も必要とするため、消費者が買ってもすぐには動かせないことが多い。パソコンメーカーにコールセンターが不可欠なゆえんである。

私は、この件でNECに協力を要請した。NECは、パソコンに関する問い合わせに対応するため、全国に一三カ所のコールセンターをすでに持っていた。そのうえで、沖縄にもうひとつつくってほしいと頼み込んだのである。

通常、パソコンのコールセンターは二四時間体制をとるため、夜間も人手を確保しなければならず、人件費もバカにならない。その点、沖縄の人は勤労意欲が高く、賃金ベースは本土より二割安い。立地としてはまさに好都合であった。

一九九九年（平成一一年）一二月、ついにNEC本社において、沖縄県の稲嶺恵一知事、NECの社長、それにコールセンターを置く嘉手納《かでな》の町長の三人が集まって、コールセンター開設の記者発表が行なわれた。するとマスコミが大挙押し寄せ、それで一気にコールセンターブームが起きた。コンピュータ関連会社をはじめ、このビジネスを真似て、沖縄にコールセンターを置く事業者が続々と現れたのである。

問題をチャンスに変えた国・アイルランド

こうして、沖縄のITビジネスは無事にスタートした。そして、この不況のなかで五〇〇〇人もの人々に新しい職場が生まれた。しかし私は、これでやめようとは思っていない。せっかく沖縄でコールセンターを稼働させたのだから、その優位性を最大限に高めることを考えている。

沖縄にはアメリカ人が多い。だから、英語での問い合わせに対応することも可能だ。また、地理的に見れば、沖縄は日本でもっとも中国大陸に近い。隣は台湾だ。広東語や福建語でも対応できるようにすれば、さらに市場は広がる。もちろん、向こうから人を呼ぶ必要はない。現地にもセンターをつくり、沖縄から台湾、香港へとネットワークを構築していけばいいのだ。こうした発想で、やがては東アジア全体のコールセンターを沖縄に設けようというのが、私のプランである。

海外にも、同じようにＩＴで国を活性化した例がある。有名なのは、イギリスの隣にあるアイルランドだ。この国は土壌が泥炭層で農業に向かず、交通の便にも恵まれない。そのために経済事情が悪く、せっかく教育を施した若者も国外に流出してしまっていた。あのケネディの祖先も、アイルランドからの移民であったことはよく知られるところである。

そこでＩＴの可能性に目をつけたアイルランド政府は、あらゆる通信回線を引き込み、料金を安価にした。ヨーロッパ全域に対するコールセンタービジネスを興すためである。

国家の方針としてコールセンター事業者の法人税を一六パーセントに下げ、事業に必要な人材を養成した。だから、対応可能な言葉は英語だけでなく、ドイツ語、フランス語、スペイン語と何でもござれだ。いまやヨーロッパ中のコールセンターがアイルランドに集中し、大成功を収めつつある。

アイルランドはもともと多くの問題を抱える国だった。その問題を新しい技術、あるいは新しいシステムを導入することで解決し、独自のビジネスを創出した。問題があるということはチャンスもあるということだ。ポイントはその技術やシステムをどこに求めていくかだが、そのひとつがＩＴであることはもうおわかりだろう。

私も沖縄で、まったく独自にこのことを考え、コールセンターという答えを出した。結果は、幸いなことに成功だった。それまで沖縄は高失業率に悩んでいたのだが、コールセンターが増えたら、たちまち人手不足に陥った。このサービスは、それなりにパソコンの知識や技能がないと対応できないからだ。それで沖縄県はあわてて人材養成機関を設け、パソコン教育に取り組みはじめた。ＩＴ関連産業というのは、こういった形で裾野が広がっていくのである。

ＩＴは金のなる木ではなく、問題解決のためのツールである。ツールだからこそ、さまざまなビジネスとも融合できるのだ。実際の用途やニーズを開拓し、必要なインフラを整え、そこにＩＴ技術をつなぐ。そうすればすぐに商売になり、将来の見通しも利く。

日本の政府はいまＩＴ推進にかなりの予算を投入しているが、ただＩＴ、ＩＴとありがたがるだけでは、成果は得られない。パソコンを普及させるために振興券を発行してはどうかという、とんちんかんな議論が出てくるのが関の山だ。技術のことを知らない証拠である。

用途開発なくしてＩＴ革命なし

いま、世の中ではさまざまな社会問題が噴出し、新聞紙上を賑わしている。なかでも環境汚染とからんで、ごみ処理問題に対する関心は高い。しかし、日本の鉄鋼所と造船所がこの問題の解決にニーズを見出し、ひとつの新しい産業として成功させたことは意外に知られていない。

その産業とは、ごみ焼却工場の建設である。ごみを燃やしたときに発生する代表的な有害物質ダイオキシンは、摂氏八〇〇度以上の高温で加熱しなければ分解できない。もともと鉄鋼メーカーは物を燃やすことについては、トップレベルの技術を持っている。また、造船所も古くから船のボイラーをつくっていた。そのボイラーの製造技術を、高性能なごみ焼却炉の開発に活用したのである。さらに、ごみを燃やした熱は電気をおこす用途にも使える。ひとつの発電所ができるわけだ。

そういうわけで、ごみ焼却工場の建設を一件受注すると、だいたい二〇〇億から三〇〇億円程度の額になる。船舶は、一隻つくってせいぜい二〇億か三〇億だから、このニュービジネスは桁違いに儲かるわけだ。結果、日本の造船所がいっせいにこのごみ焼却炉に飛びつき、いまではこの分野は日本が世界のシェアを独占しているのだ。

こうした問題解決型のビジネスこそ、技術力の高い日本の強みを生かせる領域といえるだろう。

技術について押さえておかなければならないのは、すでに指摘したように、それを何にどう使うか、すなわち用途開発という考え方である。

八〇年代のニューメディア・ブームの頃は、まだインターネットもなく、マンションに光ファイバーを引いても、役に立ったのはエレベーターの集中監視だけだった。それがいまやコンピュータを自在に駆使できるようになり、前述した沖縄のコールセンターは大成功を収めた。まずITありきではなく、ITというシーズを使って何ができるかという用途開発の作業が奏功したからだ。

松下電工では、IT技術を住宅産業にとりいれた。すべての商品のデータを、工程で流れているものや輸送中のものも含めて、コンピュータで一括管理できるシステムを構築したのである。ある工務店の店主が、松下電工の営業所に見積もりの相談に行く。すると、「あなたが求めているこの商品は、いつ納入できます」とか、「これはちょうど輸送中ですから、いつ着きます」という具合に情報を細かく把握し、その場で建物の見積もりができるのだ。

これを完成したのは技術者でもあった三好社長で、惜しいことについ先頃亡くなった。彼が一〇年の歳月をかけて成し遂げたというこのIT化の業績が、住宅産業にもたらした進歩ははかりしれない。地味なだけに、一般にはあまり知られていないのが残念だ。

ほとんど知られていないシーズのすごさ

往々にして、新しい技術を用途開発する「シーズ型」の成功例はあまり評判にならない。技術に対する専門的な知識がないと理解できないからである。「日本の基礎技術の研究は立ち後れている」という偏見もはびこっているのでなおさらだ。しかし、話題にならないだけで、すぐれたシーズが次々と開発されている。とりわけ素材関連分野には、世界市場に対して、日本しか供給できない技術や製品が少なくない。

先日、新聞に中国で催された航空ショーの記事が載っていた。ロシア製の戦闘機を持ってきてにぎにぎしく飛ばしたようだが、私は、おそらくアメリカはそれを見て笑っているだろうと思った。

アメリカの戦闘機の翼には、代表的なハイテク素材である炭素繊維が使われている。炭素繊維を使うと、翼の重量は半分以下になる。しかもショックに対して非常に強く、レーダーにも映りにくい。機体材としては理想的だ。ところが、国防上の問題もあって誰もいわないが、この先端技術を供給できるのは日本だけなのである。

いま飛んでいるスペースシャトルの燃料タンクは、日本製の工作機械で削ったために、従来品よりも四トン軽くなっている。この工作機械はマニシングセンターと呼ばれ、福井の松浦機械にしかつくれないものだ。四トンというとトラック一台分にあたる。まさに画期的なシーズである。

こういうニュースはほとんど一般には伝わらない。しかし、これが現実である。材料や部品、加工技術、こうした分野で世界の先陣を切っているのは日本だということを、よく理解していただきたい。

エネルギー分野にしても、注目すべき技術が生まれている。燃料電池はカナダのある会社が持っている特許で、他企業がそれを借用しているとよくいわれるが、その認識は正しくない。日本で燃料電池のすごい開発が進んでいる。用途は何か。なんと潜水艦に使うのである。

それからもうひとつ大きいのは、宇宙開発の技術である。日本の宇宙開発に関して、いったい何の役に立つのか、巨額の予算に見合うだけの効果があるのか、といった疑問を持つ人もいるだろう。

しかし、昨今は衛星通信によって、上空から世界中の農地の状況を把握することが可能になり、それこそ畑一枚一枚の収穫量までわかるようになった。また、漁業に欠かせない海上の気象条件や潮目の位置といった海洋情報の収集にも、大きな成果をあげている。実用的な意味からすれば、自前のロケットを開発し、衛星を打ち上げるメリットは想像以上に幅広い。宇宙開発の技術は日進月歩だけに、そのシーズから生まれる用途も無限に広がっていくはずだ。

技術は明日の社会を築く原動力

先にごみ処理の話題にふれたが、環境関連の技術開発についてはまだ緒についたばかりと考えたほうがいいだろう。日本でも、家電製品のリサイクルがようやく法律で義務付けられた。しかし、この変化をシーズとしてどのような新しい産業が生まれていくか、これはまだ見当がつかない。

日本マクドナルドは数年前に、売れ残って廃棄処分になったハンバーガーのリサイクルを試みた。堆肥《たいひ》にして再利用しようとしたのである。ところが結局、実用化は見送られた。実験の結果、塩分濃度が高すぎて、肥料には向かないことがわかったからである。

日本の食を支える農家は、当然のこと、堆肥の細かい成分にも気を配る。添加物などが含まれている可能性の高い食品ごみを、そのまま堆肥にして使うわけにはいかないのが現状のようだ。この例ひとつとってみても、環境ビジネスのむずかしさがうかがえる。

近い将来、問題として浮上してくるのは、いろいろな金属資源の不足であろう。ところが、私たちの身のまわりにあふれるエレクトロニクスの機械類は、この金属資源の宝庫なのである。これをうまく回収することができれば、将来に対して非常に大きなメリットが出てくるのは明らかだ。

ただ単に、廃棄物で環境が汚染される危険性を叫ぶだけでは、何も生まれない。ネガティブな告発型の発想から、逆にこれを回収して新しく用途開発しようという問題解決型の発想へのシフトが、いま私たちに求められている。

たとえば、工業製品に湯水のごとく使われている半導体には、材料として、金やパラジウム（白金）が使われている。もちろん、地球上に無限に存在する資源ではない。したがって、こういった希少金属をどのように回収し、再利用するのか、これも新しい技術の種として非常に有望である。環境問題とひとくちに言うが、用途開発しだいでは、非常に幅広いビジネスの可能性がそこに眠っているわけである。

こうした点から、これからの経営には、新技術に関する注目と理解が不可欠であるといえるだろう。そして、それをどういうニーズと組み合わせるか——マッチング思考がつねに問題解決の成否を握ることを、改めて強調しておきたい。

差別化と集中によって情報量を極大化

情報や知識を組み合わせてアイデアを設計する際、重要な意味をもつのが、そのアイデアに付随する情報量である。情報量とは、情報を受け取った人の驚きの大きさに比例し、どれだけ相手の予測や以後の行動を覆すかによって決まる尺度であった。

当然のこと、この情報量が大きいアイデアほど、問題の解決策としてはすぐれている。情報量が大きいということは、市場であれ、競合他社であれ、周囲がその手を予測していない可能性が高く、一気に現状を打開する切り札として使えるからだ。

では、この情報量を大きくするには、アイデアをどのように設計すればいいか。基本的な戦略はふたつある。その第一は「差別化」だ。

たとえば日本人は横並び意識が強く、誰かが何かをやって成功するとすぐ真似をしたがる。よほど秀でていれば別だが、そうでなくてみんなと同じ行動をとったのでは、発信する情報量はゼロに等しい。まず競争には勝ち抜けない。何かしら「違い」や「新しさ」を出すことで、そこに情報量が生まれ、周囲から優位性や存在価値を認められるようになるのだ。

たとえば、自社の製品に誇りを持つことは悪いことではないが、いまだに「いいものさえつくれば売れる」と誤解しているメーカーは少なくない。消費者は作り手や売り手が思っているほど、製品の違いをわかってくれないのがふつうである。どこのものでも大差ないと考え、気分で選ぶことさえある。だからこそ、明確な差別化が必要なのだ。

もうひとつの戦略は、「集中」することである。

同じアイデアでも、いくつかの目標に対してそれを実行するのと、ひとつの目標に狙いを絞り、もてる力のすべてをそこに集中するのとでは、印象や効果がまったく違う。当然、「そこまでやるのか」という驚きを与える後者のほうが、情報量としては大きく、価値もある。しかも、それが競合相手の弱点や盲点をつくものであれば、なおさら効果的だ。

ビジネスにおける「ニッチ（隙間）戦略」は、この「差別化と集中」の考え方を経営に活かしたものである。まだ誰も手をつけていない分野や大手がやりたがらない分野に目をつけ、そこに経営資源を集中して、他社が参入しないうちにシェアを独占してしまうという手法だ。ナンバーワンではなく、オンリーワンを志向する戦略といってもいいだろう。

〝特注品〟に活路を求めた隙間戦略

中小企業はもともと身軽で、動きやすい。だから、「これはうまくいく」となると、どんどん設備投資や工場のリニューアルをする。最新技術のキャッチアップもきわめて速い。高付加価値の製品を次々と開発するような、競争力の高い会社が多いゆえんである。

たとえば、京都にロームという優良企業がある。かつては東洋電具といった。ささやかなエレクトロニクスの部品屋だったこの中小企業に転機をもたらしたのは、半導体ブームだった。

当時、大企業は当然のように半導体生産に注力し、そのための設備を増やした。ところが、エレクトロニクスの部品というのは半導体だけでできるわけではない。半導体のほかに、さまざまな部品が組み合わさって、製品がつくられる。

そこでローム社は、あらかじめ半導体に抵抗やコンデンサーといった部品を組み合わせて、ユニット化するという戦略に打って出た。このような製品をハイブリッド部品と呼ぶ。ハイブリッドとは異種材料の混合・混成という意味だが、そういった新しい発想の商品化にローム社は社運を賭けた。

もちろんこれは特注品である。標準化して、大量生産するビジネスとはまったく違う。手間がかかるから大手は参入してこないし、しかも、クライアントとの共同開発が不可欠なため、相手の技術を次々と蓄積することもできる。隙間ビジネスの将来性にたかをくくっていた他のメーカーは、おおいに慌てたものである。

成長する中小企業のひとつの典型が、ここに見て取れるだろう。それは、無人の野を行くがごとく、まだ大企業が手をつけていない分野を集中的に狙うという企業戦略である。

ローム社の歴史を見ると、創業当初は明らかに産業の二重構造の下位に甘んじる中小企業であった。ところが、半導体と一般部品との間に、ハイブリッドというニッチを発見し、それを究めることで、逆に大手メーカーがローム社の技術に依存するようになっていった。

携帯電話をはじめ、最近のエレクトロニクス関連の製品は小型・軽量化がめざましい。それにも、このハイブリッド部品は欠かせない。だから、大企業が頭を下げて、特殊な部品を頼むようになってきたのだ。現在の同社の売上げは、年次にもよるが、年間五〇〇〇億円にも達する。

これは決して例外ではない。中小企業には、技術の独自性・特殊性で圧倒的優位に立ち、市場を独占している会社が珍しくないのだ。

古い技術が新しい技術の種になる

いまたいへんなブームになっているものに、携帯電話がある。この携帯電話用のリチウムイオン電池は日本独自の製品で、成長著しい携帯電話市場において圧倒的なシェアを占めている。小型で軽く、しかも寿命が長い。

原理は旭化成が考案し、特許も同社が持っている。しかし、これに目をつけ、商品化にこぎつけたのはソニーだった。そして、リチウムイオン電池の大量生産がはじまった。

ところが、一年ほど経って困ったことが起きた。ケースに不具合が生じたのである。当初、ケースの材料にはニッケルメッキを施した鉄板を使っていたが、一年ほど経つと、腐食して中の液が漏れ出してしまったのだ。こういうとき、一番いいのはステンレスである。

ところが、このステンレスを非常に細く絞って、ケースに造形するのがむずかしい。冷間鍛造といって、調べてみると、東京・墨田区のある会社だけがこの技術を持っていることがわかった。それでこの会社は、リチウムイオン電池のケースを独占的に受注し、大成功を収めた。従業員はわずか六人で、社員ひとりの売上げが年一億。だから、儲かって仕方がない。

問題は、この会社がなぜそのような特殊な技術を持っていたか、である。この会社はかつて、この技術で金属ライターの外装をつくっていた。ところが、プラスチック製の一〇〇円ライターの登場で、金属ライターは急速にすたれていく。同業者は次々とその製造をやめ、機械類も全部廃棄してしまった。

ところが、この会社の社長は違った。いずれこの技術は生きてくるだろうと考え、生産設備その他を大事にしまっておいたのだ。果たせるかな、それがなんと二〇年たって、携帯電話ブームで息を吹き返したのである。

ステンレスを絞ると簡単に言うが、なかなか容易なことではない。何度か絞ってはなます（徐々に冷却する）作業を繰り返すという、これはまさにノウハウのかたまりである。

ほかの会社は設備を捨ててしまったので、この冷間鍛造という技術も失ってしまった。といっても、市場規模はたかがしれているから、いまさら資金をかけてゼロから開発しようというところもない。それで、この会社が独占したわけである。

技術というのは、まったく新しく開発されるものばかりではない。過去の技術のなかにも、新しい技術の種がたくさん含まれているのだ。現に、冷間鍛造の技術は二〇年前にすでにあった。しかし、それをやめてしまうとノウハウが絶えてしまう。

アメリカなどは企業の収支が最優先であるから、儲からなくなると簡単に工場を売ってしまう。そのために、せっかく開発しながら途絶えてしまった技術が山ほどある。

ここが重要なところである。日本のメーカーはそういうことはしない。カネさえあればいいというのではない。モノをつくること自体に人生の喜びを感じ、強いこだわりをもっている。それが日本の製造業の、ひとつの強みなのだ。

以前、岐阜に出かけた際、私は偶然、このステンレスを絞る機械をつくっている会社を訪問した。偶然というのは、行ってみてそれがわかったからだ。リチウムイオン電池のケースを絞る機械は、じつは元来、鉄砲の薬筺《やっきょう》をつくる機械であった。それを使って、この電池のケースをつくったのである。

もちろんその機械を買っただけではケースはできない。どういうステンレスを使えばいいか。また、どのぐらいの温度でなまして、何回絞ったらいいいか。こういった試行錯誤の末に培われたノウハウがなければ、あのケースは絞れない。

モノをつくるということは、技術を売ることである。だから、このリチウムイオン電池のケースをつくる会社は、従業員がわずか六人であっても、日本のシェアを一〇〇パーセント押さえることができた。そういう会社がいま、続々と登場し、好業績に沸いている。

最近のエレクトロニクスの進歩によって、部品は非常に小型化され、求められる性能も高くなってきた。しかも、モノをつくるための素材というのは数限りない。技術の新陳代謝が進むにつれて、必要な部品や材料もまた増えていくからだ。しかし、そうした細々としたものまで、大企業がすべて自前で開発・生産していては効率が悪い。そこにさまざまなニッチが生まれる。

中小企業の高度な技術と身軽さを活かせるビジネスチャンスが、次々に広がっていくのである。

隙間は目立たないからこそ隙間

東京・大田区は都内有数の工業地域である。操業している工場数はおよそ六〇〇〇におよび、そのひとつひとつがすぐれたものづくりの技術をもっている。私は、これらの工場群をインターネットを介してネットワーク化し、世界中からのオーダーに即対応する「即応工場」のシステムを立ち上げるというプロジェクトを手がけた。ものづくりの技術とＩＴエコノミーを融合させて、地域の新しい可能性を引き出そうという試みで、これは一定の成果を得た。

この大田区は中小企業の集合地帯として有名だが、東京の場合、じつはそれ以外にも墨田区や豊島区、板橋区など、同様の地域がいくつもある。そして、これらの地域の製造業はいずれも、ものづくりの斜陽化の代表のようにさんざんいわれてきたのだ。

たしかに大田区ではかつて一万あった工場の数が、いま六〇〇〇にまで減ってきている。すると、その数字だけを見て経済の専門家は、「中小企業の斜陽化だ」という言い方をする。ところがどっこい、実態はまるで違う。大田区でなければできないものがいっぱいあるのだ。

たとえば、へら絞りである。へら絞りといっても、読者はすぐには理解できないかもしれないが、これは金属の板を回転させながら、それに「へら」と呼ばれるこてを当てて造形加工する技術で、きわめて熟練を要する。これをへら絞りという。

何をつくるかというと、いま一番儲かるのはロケットの先端部分である。ロケットのパーツというのは大量生産するものではない。一台か二台分つくれば十分である。それをいちいち金型をつくって加工していたのでは大変なコストがかかる。その点、へら絞りなら、図面を見ながら手作業でできてしまうのだから、非常に安い。それに、とにかく納期が早い。そんなわけで、大田区のとある工場では、世界中のロケットの頭だけをへら絞りでつくっている。

ここの社長が言うには、目ではわからない微妙な誤差も、素手で触れると皮膚感覚でわかるらしい。これは正真正銘、日本独特の技術であって、世界のどこにもない。まさに究極のニッチ産業である。

板橋区にもユニークな会社がある。ここでは旅行カバンの鍵をつくっている。そのシェアは、世界中のほぼ一〇〇パーセントに近い。

なぜその会社の鍵が世界中で売れるのか。それは簡単な話だ。故障しにくいのである。旅行カバンの鍵が壊れたら大変なことになる。ところがその会社の鍵は、きわめて故障が少ない。それで、お馴染みのサムソナイトやフェンディといったメーカーも顧客になっている。それら超有名ブランドのカバンの鍵を、すべてこの板橋の会社がつくっているのである。

ただし、そのことをこの会社の社長は言いたがらない。そういうことで有名になったために、かえって注文が来なくなるのが怖いというのである。技術面のアドバンテージがあるとはいえ、一社独占の状態を知って、他社が参入してこないとも限らない。そうなると、ニッチがニッチでなくなってしまう。隙間は目立たないからこそ、隙間なのだ。

ここが、中小企業と大企業のスタンスの違いでもある。中小企業においては、有名になることがかえってマイナスになるケースも多いのである。

先に、リチウムイオン電池のケースをつくっている会社をとりあげたが、これも私が発見して、テレビなどいろいろなところで紹介した。そうしたら、社長に怒られた。「やたらとマスコミが来て、仕事にならない」と。それはそうだ。たった六人の会社なのだから、そう頻繁に取材に来られてはかなわない。それで私も社名を出すのをやめることにした。

ところが今度は、なんとクレーン車を持ち出して、上から工場の中を覗くカメラまで出てきたというではないか。こうなると、もう産業スパイと変わらない。もっとも日本の経済はダメだと思い込んでいるマスコミからすれば、中小企業の躍進ぶりがそれだけ不思議で仕方ないということだろう。

売上げよりもシェア独占を目指せ

「売れるものをつくるな」――ある中小企業の名物社長は、こんな経営方針を掲げている。奇異に聞こえるかもしれないが、ここまでの話をよく考え合わせてみると、その意味に気づくはずである。

中小企業が成功するためには、かならずしも売上げが大きい必要はない。へたに売れるものや大量生産できるものをつくってしまうと、かならず大手が参入してきて、資本力で凌駕《りょうが》されてしまう。結局、アイデアだけをとられて潰されることになりかねないからだ。

大きなマーケットよりも、むしろ隙間がいい。そこに技術力のすべてを結集して、その隙間のなかでは、よそが絶対に追いつけないような製品を開発するのだ。そうすれば、それがデファクトスタンダードとなり、売上げは小さくてもシェアを独占できる。こうした考え方で成功した会社が、日本には無数に存在するのである。

たとえば、一〇〇〇分の一ミリというものすごい精度のネジを専門につくっている会社があるかと思うと、半導体産業に不可欠な真空技術一本で急成長した会社もある。

この会社は歴史が非常に面白い。かつて半導体が登場する前は、真空管というのが使われていた。その真空管時代に、ある大手メーカーで真空管をつくる機械を開発していた技術者たちがいた。彼らが独立し、真空装置専門の会社を立ち上げたのが、創業の端緒である。

もともとそう大きな市場ではなかったが、この会社は他社にはできない真空装置を次々と開発した。そこへ、半導体ブームの到来である。半導体をつくるために、真空装置がなくてはならない時代になったのだ。

この会社は、超大手メーカーであるＩＢＭの半導体の生産設備をまるごと受注するまでに発展した。社長の話によると、その工場の運転のはじまるお祝いに、こちらから神主さんを連れていった。すると、神主さんのあげる祝詞《のりと》にＩＢＭの連中はびっくり仰天したという。

こうしてこの会社は大を成したのだが、慌てたのはアメリカ政府である。国内産業を保護するため、ＩＢＭがその会社から真空装置を買えないように横やりを入れてきた。アメリカは、そういうことを平気でやる国なのだ。

やがてアメリカにも、そういった半導体の生産設備を開発する研究所ができ、ライバルが現れた。しかしながら、真空関係の技術については、パイオニアであるこの会社の圧倒的優位はいまも揺らいでいない。隙間を狙ってのビジネスが大当たりした、これもひとつの実例である。

ここに、ある法則がはっきりと浮かび上がってきた。企業というものは規模が大きいからといって、競争力が強いわけではない。ある特化されたマーケット内で確固とした技術を持てば、急成長するのだ。問題は、その「ニッチ」をいかにして見出すか。

「差別化と集中」の戦略とは、まさにこのことである。

第四章

決断の方法

チャーチルのスケープゴート

問題解決についての科学的・体系的アプローチは、第二次世界大戦直後から急速に発展した。戦争における決断というのは、少しでも間違えば取り返しがつかない。まして大量破壊、大量殺戮《さつりく》に直結する近代戦争ともなれば、その予測やかけひきはおのずと究極のものになる。そのため、軍事面の問題解決に合理的な思考が持ち込まれ、戦後、その成果がさまざまな学問へと発展していった。

ところで、第二次大戦でドイツが使った暗号システムは「エニグマ」――Enigmaは「謎」の意味――と呼ばれ、その名の通り、難攻不落の暗号といわれた。しかし、イギリスは天才数学者アラン・チューリングの功績によって、この暗号の解読に成功する。イギリスは戦略上の最高の切り札を手にしたわけだが、それゆえにこれを手中に隠しつづけた。情報戦で優位を保つためだ。

暗号を解読したことが知られたら、敵はただちにこれを改良するに違いない。しかも、破られた暗号をダミーに使う可能性もある。どれほど強力な切り札でも、その手の内を敵に知られてしまうと、裏をかかれて、かえってこちらが危ない。このためイギリスは、エニグマ解読をドイツに気取られないように周到な偽装工作をしかけた。偶然、敵に遭遇したかのように装って待ち伏せをしたり、敵側の情報はすべてスパイを通じて入手したように見せかけたのである。

　このエニグマ解読がもたらした戦果ははかりしれないが、なかでも最大のものは対Uボート戦の勝利であった。ご存じのように、Uボートとはドイツ海軍が誇った高速潜水艦である。一九四二年までは、アメリカからの物資を積んだ輸送船団が大西洋でUボートに次々と撃沈され、イギリスは一時、物資窮乏のために降伏寸前まで追い込まれた。だが、四三年になると、エニグマの解読によって敵艦の位置を正確に割り出せるようになったイギリスが、輸送船の進路を変えたり、戦闘機でUボートに奇襲をしかけるなど先手を打って、制海権の奪回に成功したのである。それでもドイツは、よもや暗号が破られているとは思いもよらず、敵のレーダー性能が向上したのが敗因と考えていた。エニグマに絶対の自信をもっていたのである。

　ドイツはとうとう暗号解読の事実を知らないまま、敗戦を迎えた。イギリスは最後まで隠し通した。その徹底ぶりを象徴するエピソードがある。

　ドイツ空軍が古都コベントリーに無差別爆撃をしかけたとき、イギリスの首相チャーチルはこの空爆の情報をあらかじめ知っていたという。しかし、エニグマ解読の秘密を守るため、あえて避難命令を出さず、コベントリーの町と市民をスケープゴートにしたというのだ。

　イギリスがエニグマ解読の事実を公《おおやけ》にするのは、戦後二〇年以上たった一九七〇年代のことである。

「策士、策に溺れる」の危険

戦争という極限状態ならではのすさまじいかけひきだが、ここには、日常の問題解決にも通じる重要な教訓が含まれている。それは、合理的に導き出した最適案にもかかならず弱点があり、実行に移す前後には、それへのリスク対応が必要になるということだ。

イギリスは、戦局の不利を打開するため、暗号解読によって得た情報をもとに、待ち伏せ攻撃という策をとった。もちろん、それが戦略上の最適案であると判断したからだ。しかし、この策はそのままでは何度も使える手ではない。ドイツに気づかれて逆の手を打たれると、最悪の損失をこうむる、という弱点があったのだ。敵に手の内を知られないように偽装工作をしかけ、身内を犠牲にしてまで隠し通したからこそ、この作戦は最後まで有効に機能したのである。

一方、エニグマという切り札をもちながら、情報戦に敗れたドイツはどうであったか。そもそもエニグマが破られるというリスク自体を想定していなかったフシがある。よしんば破られたときのために、第二、第三の暗号系統を用意していたとしても、それは「暗号を破られた」ということに気づいた場合の話であって、敵がそこまで読んで偽装工作をしかけてくるとは、想定していなかったに違いない。

えてして人間は、何かいいアイデアを思いついたり、切り札を手にすると、それだけですべてが解決できるように思い込んでしまう。ところがそれは、あくまで「こうすればうまくいく」という机上の予測に過ぎず、現実には、思わぬ状況の変化によって、期待通りの結果が出ないことのほうが多いのだ。ことに、利害の対立する〝敵〟がいて、食うか食われるかという状況では、こちらの手の内はまず相手に読まれるものと考えていたほうが間違いない。

最適案を過信して、うまくいかないときのための備えを怠ると、「策士、策に溺れる」の言葉通り、それまでの努力も投資も水泡に帰してしまう。本章では、問題解決の最終段階として、こうしたリスクをいかにして避けるか、あるいは最小限にとどめるか、について考えてみたい。

天皇に口止めした企業秘密とは

すぐれた技術や新製品の開発を進めていながら、競争相手に先手を打たれて、遅れを取ってしまったケースは、ビジネスでは枚挙に暇《いとま》がない。

現代の企業社会において、同じ業界内に属する競合他社の動きを予測することは、じつはそれほどむずかしいことではない。どんな新製品も、市場の需要、生産設備、技術水準などの制約によって決まるものだ。そうした限界の枠内で最良点を求めて、各社がしのぎを削っているのがふつうである。まれに革命的な商品を他にさきがけて出すことはあるが、現在の激しい開発競争のなかで、そうした機密を保持することはほとんど不可能に近い。規模や技術力などがほぼ同等なら、どこも似たようなアイデアは持っていると考えたほうが現実的だ。

ひと昔前のことだが、ソニーが、画面がわずか五インチのマイクロテレビという画期的な商品を出して、業界のイニシアチブを取ったことがある。この世界最小・最軽量のテレビは、アメリカでも発売して即売り切れるほどの大ヒットとなり、ハリウッド映画の小道具にも使われた。

ところが、その一週間後に、他社が六インチのマイクロテレビを発売した。わずか一週間の差だが、先に新製品を発表したおかげで、ソニーはその市場の開拓者として、以後独走をつづけることになったのである。もし競合他社が八日早く売り出していたら、マイクロテレビの元祖の名は変わっていたかもしれないのだ。

じつは、ソニーがマイクロテレビを発売する一カ月前、ときの昭和天皇と皇后がソニーの工場を見学に訪れている。このとき、案内役を務めたソニーの井深大と盛田昭夫は、貴賓室で両陛下にだけ、マイクロテレビの試作機を見せた。その際、両陛下に「これはまだ世の中に出ておりませんから……」と言い添えたという。

ソニーは、天皇に口止めまでして新製品の秘密を守ったのだが、結局、競合他社も同様の製品を開発していたのである。その会社にしてみれば、数年先の動向を予測して前々から研究を進め、さらにソニーの開発情報も耳にしていたに違いない。その口惜しさは察するに余りある。

わが国のエレクトロニクス・メーカー各社の実力には、じつは世間でいわれるほどの差はないと考えていい。そうなるともはや、何を出すかよりも、それをいつ、どういうふうに出すかの勝負になる。競合他社がソニーに後れをとった原因は、明らかにタイミングの誤りであった。

いま打てる手から打っていく

二〇世紀末、トヨタが「プリウス」という一台の新しい車を世に送り出した。これはガソリンエンジンとバッテリーを共用することで、画期的な低燃費と低公害を実現したハイブリッドカーである。

自動車業界では、二一世紀を制する環境技術の〝大本命〟は、水素を利用する燃料電池だといわれ、各社の開発競争が白熱しているが、現状では実用化にはまだほど遠い。その技術革新の空白をついて、トヨタはあえて「つなぎ」の技術ともいえるハイブリッドカーを、赤字覚悟で投入したのである。

その後、競合他社の追随もあって、ハイブリッドカーの市場は急成長した。もちろん燃料電池の開発も依然として進められているが、「燃料電池が次世代自動車のデファクトスタンダードになる」という従来からの予測が、ここへ来て揺らぎつつあるのは確かである。

なんといっても、「プリウス」というまったく新しい車が私たちの目の前を走ったという現実のインパクトが大きかった。どんなに素晴らしいアイデアも、実際に形にできなければ勝負にならないのだ。その意味では、いま打てる手から打っていくということは、競合相手の機先を制する重要な方法論といえるだろう。

ロシアで蝶が羽ばたけばアメリカで嵐が起きる

競合相手に先んじられたのでもなければ、裏をかかれたわけでもない、まったく予想だにしなかった偶然の出来事によって、最善手と信じて打った手が裏目に出てしまうこともある。

一九九八年九月、デリバティブ（金融派生商品）で驚異的な高収益をあげていた投資会社ロング・ターム・キャピタル・マネジメント（ＬＴＣＭ）が破綻状態に陥った事件は、その典型例といえる。

市場関係者のあいだでは、ＬＴＣＭは「運用の神様」と呼ばれ、絶対的な支持を得ていた。なぜなら、ノーベル経済学賞を受賞したスタンフォード大学教授のマイロン・ショールズとハーバード大学教授のロバート・マートンのふたりがスタッフに加わり、最新の金融工学の成果を実践していたからである。それだけに、破綻の衝撃は大きかった。日頃から日本政府の行政指導を市場原理に反すると非難していたアメリカ金融当局（ＦＲＢ）が、異例の「行政指導」を行ない、全米の大手金融機関に対して三五億ドルもの救済融資を決めさせたほどである。

さて、問題なのは、それほどの優秀な学者やエリートがいながら、一〇〇〇億ドル以上の損失を出すような大失敗をなぜしでかしたのか、ということである。原因は、同年八月に起こったロシアの債務不履行であった。この突発的な出来事は、LTCMが使っていたデリバティブの数学的モデルに組み込まれていなかったのである。不測の事態とはこのことである。

ノーベル賞学者の理論による運用と聞けば、素人はもちろん、投機のプロでもそれだけで信用してしまうものだが、しかし、現実の経済はいくら巧みに数式化しても、かならず誤差が生じる。当初モデルに組み込んでいなかった要素に影響され、よもや起きるまいという現象が起きるのだ。

LTCMの失敗はその誤差に気づかなかったためと断じていいだろう。現実の世界は計算式で割りきれるほど単純ではない、複雑で、白黒つけがたい灰色の部分のほうが多いのである。「複雑系」という言葉をよく耳にするが、科学の最先端の領域に属するこの「複雑系」の理論のなかに、次の比喩で示される「バタフライ現象」と呼ばれるものがある。

「北京で蝶が羽を動かせば、ニューヨークで嵐が起きる」

すなわち、あらゆる要素が複雑微妙にからみあう自然界では、その局所的な相互関係が重なり合ったとき、ささいな変化から予想もできない劇的な変化が生じる可能性があるという意味だ。このことに最初に気がついたのは、気象学者のエドワード・N・ローレンツであった。

コンピュータによる天気予報に興味を持っていたローレンツは、簡単な微分方程式によるシミュレーションモデルを作り、いろいろな入力値に対してどのような予報が出されるかを調べていた。彼はその過程で、代入する数値をほんのわずか変えただけでも、最終的な予報結果がまったく異なったものになることを発見したのである。

もうおわかりだろう。この理論に基づけば、〝運用の神様〟ＬＴＣＭを襲った破綻という大嵐は、ロシア経済の危機という、まさに一匹の蝶の羽ばたきによって引き起こされたと考えられるのだ。それを予測しろというのは無理だ。だが、何が起きるかわからない、ということを想定することはできる。同じように、あなたが自信をもって何か事を起こそうとするとき、どこかで一匹の蝶が羽ばたくかもしれないということを、忘れてはならない。

生命体は「サイバネティクス」で動く

緻密《ちみつ》な予測をもとに設計した戦略やアイデアでも、当然、実施してはじめて、間違いや状況の変化に気づくことがある。そうなると、当初の予測に基づいてすでに動き出しているから、予測の立て直しが必要になり、問題解決は振り出しに戻ってしまうことになる。そんなときに有効なのが、「フィードバック」という方法論である。

その理論的な基礎となったのが「サイバネティクス」の発想である。

サイバネティクスとは、第二次世界大戦後に興った新しい学問で、アメリカの数学者ノーベルト・ウィーナーによって提唱された。人間・動物・機械・社会などを対比し、そこに共通する情報通信や自動制御の仕組みを総合的に取り扱うものだが、それによって生命体の行動原理をみごとに説明している。

情報という概念を必要とするのは生命体だけである。アメーバのように単純な生物でも、周辺の環境からの情報を収集し、これに対応した行動をとることで生命が維持されている。石ころのような無機物の動きには、情報は関与していない。考えてみると当然のことだが、ウィーナーはこうした情報の扱われ方に着目し、これを体系づけた。

近年、生産現場のオートメーション化が進み、無数の産業ロボットが人間の代わりに働いているが、これらの機械の自動制御システムやロボットの人工知能の開発にも、サイバネティクスの原理が使われている。

しかし、サイバネティクスはもっと普遍的な原理であって、およそ情報のやりとりが人間の行動のモチベーションとなりうる場面には、すべてこの原理が適用されると考えていい。政治活動しかり、ビジネスしかり、日常の人間関係しかり。私たちがふだん、さまざまな問題をなにげなく解決し、それなりに状況に応じた行動がとれているのはなぜかという問題も、サイバネティクスによって説明できる。

そこまで普遍性のある原理でありながら、一般にあまり知られていないのは、厳密に証明しようとするとかなり複雑な計算を要するからだ。ここでは、その基本的な考え方だけを紹介する。

おおまかに発射されるミサイル

第二次世界大戦中、敵の飛行機を撃ち落とすためのレーダー用の計算機の開発にあたっていたウィーナーは、ある発想の転換を思いついた。

どんなに精密に敵機の未来位置を予測しても、弾丸の命中率は上がらない。いったん目標を定めて発射された弾丸は、地上七〇〇〇メートルから一万メートルの高度で飛行する敵機に届くまでに、風に流されてしまうし、撃った直後に敵機が進路を翻せば、予測ははずれ、弾丸はあさっての方向へ飛んでいってしまう。

ならば、弾丸が認知した目標からズレそうになったら、そのたびに自分で軌道を修正するようにしたらどうか。この修正作業を続ければ、かならず目標に命中するはずだ。これなら、精密な計算など必要ない。ウィーナーはこう考えたのである。

そして、地上もしくは飛行機から、発射した弾丸を遠隔操作する仕組みを考え出したのである。今日でいう誘導ミサイルである。

この「修正を繰り返して、目標に到達する」というシステムに気がつくと、人間も動物も、たしかにすべてこの原理で動いていることがわかる。

手で何かをつかもうとするとき、対象物＝目標までの距離を正確に測定してから、手をのばす人はいないだろう。欲しいと思ったら、まずだいたいの距離の見当をつけて、とりあえず手を動かしている。そして、目標に近づいて手がずれそうになったら、方向や位置を微調整する。これが自然な動作というものだ。ただしすべては一瞬のことであり、人間はこれを意識して行なっているわけではない。あくまで無意識に、行動→比較測定→修正という動作システムを繰り返しているのだ。

フィードバックの環をまわせ

先に述べた「フィードバック」とは、この循環型のシステムのことである。その手順を分解すると次のようになる。

①計画を立てて目標を決める
②行動を開始する
③結果を測定する
④目標からどれくらいずれているかを比較する

⑤行動を修正する

このうち④、⑤を繰り返すことで、目標とのズレが縮まり、やがて到達できるというわけだ。

これまでの科学的手法というのは、「こうすれば（行動）こうなる（結果）」という予測に実際の結果がともなわない場合は分析が足りないからで、もっと緻密に調査・分析すれば目標に近づくことができる、という考え方だった。したがって、その原因を追究することに労力を費やした。

しかし、目標に到達しさえすれば成功だというなら、当初の予測にとらわれることなく、行動を修正していけばいい。重要なのは、予測の正しさや分析の緻密さを証明することではなく、一刻も早く目標に到達することである――科学にこうした実利的な発想を持ち込んだという意味で、ウィーナーの考え方は革命的であった。

問題解決においても、最適案を選択して実行に移したら、ただちに結果を測定し、目標からのズレを比較して行動の修正にとりかかるべきである。なぜ、それほどズレたのかといった理屈を追究する必要はない。このフィードバックの環《わ》をまわすためには、得た情報を次のステップへとつなげていくことが重要なのである。

マニュアル主義を超えた日本式経営

じつは、こうしたフィードバックの発想がもっとも根づいているのが、日本のものづくりの現場である。従業員ひとりひとりが品質改善のための努力と工夫を惜しまず、その結果をまた次の努力へと自主的に生かしている。組織が自己活性化され、無数のフィードバックの環が勢いよくまわりつづけているのが、日本式経営の強みなのだ。

いくら製造業のＩＴ化が進んでも、現場ではかならず予想外のトラブルが起きる。机上で設計された図面だけを現場に渡しても、ラインがその通りに動くとはかぎらない。そこで、コンピュータがはじき出したデータとの誤差をうめる作業が必要になってくる。どのような誤差が出るかは、現場の担当者が一番知っているから、現場で相談して解決していく。これがいわゆる「改善活動」である。日本的な労使関係に根ざした活動だけに、外国人には理解しがたい面もあるようだ。

近年、いすゞ自動車がポーランドにディーゼルエンジンの工場をつくった。同社にとっては初めての経験だったが、今後国際化を進めていくうえで、非常にいい勉強になったという。

何が勉強になったかというと、たとえば、ポーランドから六〇人ほどのスタッフを日本に呼んで、いすゞの苫小牧の工場で教育することになった。すると、一日目から予想だにしないトラブルが起きた。

ポーランドのような国では、いまだに階級意識が厳しい。つまり、技術者は偉い、現場の作業員はそれより下というわけだ。彼らを同じ食堂で食事させようとしてもめたのである。それでも、すったもんだのあげく、彼らもお互いに心を開き、半年後に帰るときは一緒にカラオケを歌って帰ったそうだ。

このエピソードはなかなか示唆的である。現代の日本にはない階級意識が、ヨーロッパにはいまも厳然と存在する。じつは、欧米式経営を貫くマニュアル主義の背景には、この階級意識があるのだ。つまり、「お前はこれとこれをやれ」「おまえはこれをやれ」――自分に与えられたマニュアルさえ守れば、それが優秀な労働者だという考え方である。

しかし、ものづくりを産業として成立させようと思えば、全部門全員がチームワークを組んであたらなければならない。いくら立派なマニュアルをつくっても、完璧ということはありえず、業務の現場ではかならず狂いが出てくるからだ。

そういう不具合が生じたとき、マニュアル主義のもとでは、これはオレのせいではないという責任論やテリトリー論が先走りやすい。その結果、肝心の問題解決が遅れ、事態はいっこうに改善されないということになる。

その点、日本の現場は違う。マニュアルがどうであろうと、何よりもいいものをつくることが至上命題である。こういう気風は日本人独特のキャラクターだと、私は見ている。この日本人特有のこだわりがあってはじめて、世界の一級品がうまれるのである。

日本人にとって、こういった話は当たり前過ぎて、ぴんとこないかもしれない。しかし、海外の文化とじかに接してみると、日本のよさというものがはっきりと再認識できる。

よく知られるように、日本企業ではＱＣサークルのような全社を挙げての品質管理活動、小集団活動が活発である。かつて私が在籍していたメーカーでもずいぶん盛んで、海外から視察団も訪れた。

そこで、こちらから視察団に対して改善事例の発表を行なった。改善作業の主力である現場の女性作業員が発表役を務めたが、見学者からすかさずこういう質問が出た。

「あなたは、品質改善についていい報告をしました。しかし、それは本来、技術者が考えるべき問題でしょう。あなたの仕事はマニュアル通りに業務をこなすことではないのですか？」

彼女たちは、一日の仕事が終わってからも会社の規定時間外で集まって、こういう改善活動に取り組んでいた。しかし、それは会社から与えられた仕事の権限外であり、服務規律違反ではないのか、と指摘されたのである。

さて、どういう返事をするか。こちらも緊張しながら聞きいった。すると、彼女は穏やかに答えた。

「そういう考え方もあるでしょう。しかし、この業務について、会社のなかで一番よく知っているのは私です。自分が実際に働いている現場で問題を発見し、その改善策を考えて、会社に提案したのです。そうしたら、こんなによくなりました。何かおかしいところがありますか?」

私が心のなかで快哉《かいさい》を叫んだのは言うまでもない。この発想の違い。ここをよく理解していただきたい。時代の逆風にさらされながらも、日本の製造業が依然として世界に冠たるゆえんである。

誉められても使われない技術

二〇〇〇年(平成一二年)一〇月、筑波大学の白川英樹名誉教授が「導電性ポリマーの発見と開発」の業績により、ノーベル化学賞を受賞した。日本人としては一九八一年(昭和五六年)の福井謙一さん以来、二人目の化学賞受賞者となったわけだが、その際一番話題にのぼったのは、白川さんの偉大な発明が日本では評価されなかったということである。

これは決して珍しいことではない。この評価能力の貧困は、日本の技術開発の根底に絶えず横たわっている大問題である。つまり、技術を生み出す側には、速やかなフィードバックによる自己修正、自己改革の発想があるのに、残念ながら、それを導入する側はどうにも腰が重いのだ。

いまでもそうだ。何か新しいアイデアを日本の会社に持っていっても、まず相手にしてくれない。ところが、アメリカに売り込んでどこかの会社が買うと、たちまち飛びついてくる。こういう傾向が、昔から日本にはあるのだ。

先日も、私はある会社をテレビで紹介した。その会社は、ボルトにフッ素樹脂で防錆加工を施す技術を開発して成功したのだが、そこの社長によると、日本の企業は当初、相手にしてくれなかったという。そこで、その新開発のボルトを、アメリカの石油発掘会社に持っていった。そうしたら、海上で石油を探索する機械に採用してくれた。その実績が出た途端、日本の会社は掌《てのひら》を返したように注文を持って群がってきたそうである。これは、私にもよくわかる。

評価能力とはすなわち、新しい技術に対してただ良い悪いを言うだけではなく、実際に使うか否か、その実行力までが問われるのである。誉めておいて使わないというのは、評価していないのと同じだ。日本はアメリカに比べて、その辺りが残念ながら欠けている。

前述のボルトに対する日本企業の反応も、おそらくそうであったろう。テストのデータはたしかにいい。しかし、これを実際に使ったとき、もしトラブルが起きたら自分の責任になる、といった内向きの発想が先に立って、二の足を踏ませたのではないか。ささいな失敗さえ恐れて、最初から完璧な結果を求めるため、段階的に改善していけばいいというフィードバックの発想がもてないのかもしれない。

一方、外国企業の場合は、早い話が〝ダメもと〟である。まずやってみて、ダメならダメでその結果を客観的に評価し、次の行動につなげて、最終的に目標を達成すればいい、という考え方である。こうしたトライ・アンド・エラーを認めるアグレッシブな企業精神が、結果として、すぐれた評価能力を育む土壌ともなるのだ。

　じつは私にも苦い経験がある。まだ衛星通信が普及する前の海底ケーブルの時代に、私は海底ケーブルを通信に用いるためのもっとも効率のいい方法を発明し、特許も取った。直交通信方式というシステムである。ところが、この技術はいつまでたっても使ってもらえず、忘れたころに日本の人工衛星にこれを使ったという通知が届いた。ＮＥＣからである。ついてはパテント料を払いましょうというので、期待していたら、なんとそこで特許の有効期限が切れてしまった。特許というのは二〇年しかもたないのだ。いまではこの方式はいたるところで当たり前のように使われている。

　もっともこのアイデアを考えた当時は半導体が進歩していなかったため、実用化するには相当コストが嵩《かさ》んだ。それで使ってもらえなかったことはわかっていたから、腹を立てたわけではない。しかし、二〇年もたって人工衛星に使われるとは、私も予想していなかった。

　ものづくりの基本となる新しい技術をどう評価するか、そして、それを現場にどう取り上げるか。この判断が迅速かつ的確になされてはじめて技術は形を成し、社会の発展に貢献し得る。そうであれば、客観的な評価基準の構築についても検討していかなければなるまい。特許もそのひとつではあるが、汎用性という点でもう少し使いやすい仕組みが必要だ。

実際のところ、「画期的な技術」や「高度な技能」といわれても、第三者にとってはあくまで実体のない情報に過ぎず、それを適正に評価することはむずかしい。技能や技術に対する評価基準が明示されるようになれば、事業機会が拡大し、日本経済全体のシステムの活性化にもつながるに違いない。

目的と手段を取り違えていないか

日本の技術開発力そのものは、けっして欧米のそれに劣るものではない。私が見る限りでは、むしろアメリカのほうが日本の動向に神経をとがらせ、警戒している。二〇〇〇年五月に、アメリカ連邦政府は研究開発向けの予算を大幅に増額したが、これはその危機感の大きさを示すものだ。

ところが、彼らから見て解《げ》せないのは、日本が、せっかく開発した技術をビジネスや社会活動の現場になかなか導入しないことである。たとえば、日本ではここ一〇年ほどの間に、人工知能の中核機材である第五世代コンピュータの開発が官民一体で進められてきた。じつは、この中からいい技術がたくさん生まれたのだが、実際に使われたものは非常に少ない。

そのひとつに、法的推論のソフトウェアというものがある。これは、ある犯罪や紛争が生じたとき、その内容をインプットすると、「被疑者は禁固何年」という具合にコンピュータが量刑を弾き出すシステムである。さまざまな判例その他をあてはめてみても、じつにうまくいくのだが、現在、このソフトウェアは使われていない。なぜか？　法務省が嫌がるからである。それを入れると、自分たちの存在価値がなくなると思ったらしいが、とんでもない。国民へのサービスこそが役所本来の存在価値であることを考えれば、こういうものは思い切って使わなければいけないのである。

建築の確認申請のためのソフトウェアもつくられた。建物を新築するには、かならず各自治体の土木課に申請して、認定を受けなければいけないが、ちょっとしたビルになると、その審査に一カ月以上かかることも珍しくない。耐震構造やその他の要素を、ひとつひとつ厳密にチェックしていくからである。それがこのソフトウェアを使うと、審査は一日で終わる。

しかし、せっかく開発してもやはり使わない。その理由は法務省と同じである。それをやられると、土木課の連中の仕事がなくなるというのだ。こういう発想が改まらないかぎり、新しい技術が日の目を見ることはむずかしい。

東京都が現在の都庁舎を新築したとき、私は庁内のOA化を依頼され、約三〇〇〇台のパソコンを導入した。すると、さっそく職員組合からクレームがきた。そういうことをやると、職員のクビ切りにつながるのではないか、というのだ。当然そういうことをいってくるだろうと予測していた私は、答えを用意しておいた。

「もちろん、これを使えば人は減ります。人が減らないようなコンピュータなら、入れないほうがいいでしょう。しかし、人が減ったからといっても、クビを切る必要はないじゃないですか。東京都がやりたいこと、やらなければいけないことはまだいくらでも残っているはずです。ところが、人手が足りないためにやれない、そういう仕事がずいぶんあるでしょう。既存の仕事をコンピュータで合理化し、余った人手を新しい仕事にまわしましょう。そうすれば行政サービスの質が向上し、都民も喜ぶはずです」

クレームはそれきり出なくなった。

企業であれ自治体であれ、新しい技術を導入すると人手が余る、クビ切りがはじまる、という発想をする人が非常に多い。そういう人は、その部分しか見ていないのである。ところが、組織全体を眺めてみれば、仕事がなくなるどころか、やるべき仕事は次から次へと見つかるはずだ。合理化して、そちらに人をまわしたほうが、全体としての生産性が高まることは火を見るよりも明らかである。

間違えてはいけないのは、新しい技術を導入することは生産性向上のための手段であって、それ自体が目的ではないということである。到達したい目的と、そこへ到達するための手段を取り違えると、フィードバックの環はうまくまわらない。

交渉の成否を握るＢＡＴＮＡの理論

交渉事や説得の現場では、相手とのかけひきの要素が強まるだけに、こちらが最善の手と思っても、それがすんなり通るとはかぎらない。たとえば商談でも、企画のプレゼンテーションでも、ほとんどの場合、相手はこちらのいうことを、「その手には乗らないぞ」という構えで警戒しているか、あるいは最初から拒否するつもりでいると考えたほうがいい。

新人営業マンの研修などで、よくセールストークのマニュアルを与えて、丸暗記させる会社を見かけるが、どれほど効果があるかは疑問である。そのマニュアル自体は、相手を説得するために練りに練られたひとつの最適案なのだろうが、それが拒否されてしまったらどうするのか。

実際、ともかくしゃべらなければとばかりに、相手の反応も見ないで、覚えたての台詞をまくし立てられるのはかなわない。聞いている側は興味を引かれるどころか、すぐに辟易《へきえき》して「結構です」と断りたくなるはずだ。

だからといって、「そうですか。わかりました」と踵《きびす》を返し、社に戻ってきたのでは能がない。作戦を練り直して出直そうと思っても、次の機会はないかもしれないのだ。では、どうすればいいか。

欧米では、交渉という行動を科学的に分析する「交渉学」という学問が発達している。これは、政治学、経済学、法学、社会心理学などから派生し、体系化されつつある学際的な研究分野である。

この交渉学の理論のひとつに、「ＢＡＴＮＡ」（Best Alternative To No Agreement）というものがある。「交渉が決裂したときの代替選択肢としてもっとも良い案」といった意味だが、要は、交渉に勝つには、あらかじめ「次善の策」を用意しておくことが重要であるという考え方である。

交渉というものはほとんどの場合、先の営業の例のようにそれ一回限りである。失敗すれば「次」や「また」はないと考えたほうがいい。そうなると、行動の結果を測定して、修正するといったフィードバックを行なう余地もないわけである。これ以上見込みがないと思ったら、むしろ要求水準や交渉相手をすばやく切り替えたほうがいい。セールスなら、無理に売り込むより自分の好印象を残すことにねらいを変えるとか、ほかの有望な顧客をあたるとか、代替戦略を用意しておくことがＢＡＴＮＡの基本である。それが心理的なゆとりをもたらし、かけひきを優位に運ぶのだ。

本書の冒頭で江戸城無血開城のエピソードを紹介したが、平和解決を目指しつつ、同時に戦争準備も着々と進めた、あの勝海舟の「和戦両用」の構えこそＢＡＴＮＡの極意といえる。

交渉は手の内を知られたら負け

もう少し身近な例をあげて、説明しよう。

定価販売が常識になった現代でも、東京・秋葉原の電気街などでは、「値切る」という商行為が健在である。売る側も〝触れなば落ちん〟といった態度で値切られて見せている。店員がいやになるぐらいしつこく値切りたおした客ほど、リピーターとなって知り合いを連れてくることを知っているからだ。値切ることに成功した客は、「俺はあの店に顔が利く。だから俺と一緒に行けば安く買える」といった調子で、得意になって友人たちを引っ張ってくる。値切る客は有力なリピーター候補なのだ。

ところで、こうした場所での値切りのテクニックの定法は、だいたい次の通りである。

①できるだけ多くの店をまわって、欲しいと思う商品の表示価格をすべてチェックする。

②表示価格のいちばん高い店から順に、値切ってまわる。

③②を繰り返せば、最後の店につくまでにはかなり安くなっているはずである。その値段が、最後の店の表示価格より高ければ、最後の店で決めればいいし、安ければそれをかけひきのタネにして、最後の店でもうひと値切りすればいい。この場合、それぞれの店での交渉において、より表示価格の安い店の存在がBATNAになるわけだ。

こうした商店街では店同士の価格情報は筒抜けだから、隠してもしかたないが、本来、自分のＢＡＴＮＡは交渉相手に知られてはいけない。知られてしまうと、へたに値段を吊り上げられたりして、ＢＡＴＮＡよりもいい条件を引き出す道が閉ざされてしまうからだ。

たとえば、ある商品を友人から買う交渉をするとしよう。あなたは、同様の商品がＡ店で五万円で買えることを知り、友人の言い値が五万円以上だったら、Ａ店で買うという代替案を用意した。これが、この交渉のＢＡＴＮＡである。ところが、このことを友人に言ってしまったらどうなるか。友人はもともと四万円で売るつもりだったかもしれないのに、おそらくＡ店と同じ五万円近くの金額を提示してくるだろう。交渉としては、これでは負けである。

譲歩を引き出すミスター・ニエットの交渉術

反対に、相手のＢＡＴＮＡ、すなわち譲歩できるラインを見極められれば、その寸前まではこちらにとって都合のいい条件を要求できるのである。

旧ソ連のグロムイコ外相は、かつて国連総会で四二回も拒否権を行使し、「ミスター・ニエット」の異名を取った。ロシア語でニエットとは〝ｎｏ〟の意味である。相手に意見をいわせておいて、なんでもとりあえず「ノー」と反対することは、ソ連流交渉術の基本といわれた。「ノー」を繰り返すことによって、相手は話を続けざるをえなくなる。なんとか説得しようと別の提案を出してきたり、さまざまな情報を提供することになる。つまり、ぎりぎりまで反対を続けることで、相手が本当はどこまで譲歩できるのか、手の内が自然と見えてくるというわけだ。その限界を見極め、そこに達する直前にこちらも妥協すれば、交渉は成功したといっていい。

冷戦時代はもっぱらアメリカが説得する側で、ソ連が説得されるほうだったが、その両国間の妥協と譲歩はいかにして行なわれたのか。イリノイ大学のジェンセン教授の分析によると、次のような興味深い数字が出ている。

かつての米ソ間の軍縮交渉の過程を、すべて七ラウンドに区分すると、アメリカ側が示した譲歩のうち、八〇パーセント以上が前半の一〜三ラウンドに集中していた。これに対して、ソ連側の譲歩はその七五パーセントまでが、後半の五〜七ラウンドに行なわれたというのだ。このデータを見る限りでは、アメリカのＢＡＴＮＡは、ソ連流交渉術によって読まれていた可能性が高い。

不確実性をヘッジする「ミニマクスの原理」

サイバネティクスリスクの原理やＢＡＴＮＡの戦略をもってしても対応しきれない不測の事態が、現実には起こりうる。こうした不確実性のリスクに備えるために提案されたのが、「ミニマクスの原理」というものである。

　これは、ノイマン型と呼ばれる現在のコンピュータの原理を考えた数学者ジョン・L・フォン・ノイマンと経済学者オスカー・モルゲンシュタインが体系づけた、「ゲーム理論」のなかの重要な戦略のひとつである。

　解決策の選択肢がいくつかあり、状況の変化や競合相手の出方を予測して、そのどれを選ぶかというときには、成功したときのことばかり想定して、最適案を選ぶのがふつうである。たとえば、Aという状況下ではX案で行けばいい、状況がBに変われはY案で行くのが有利だ、といった具合である。

　しかし、競合相手も合理的に予測し、こちらの手の内を見抜こうとしているわけだから、そう都合よくいくとは限らない。最大利益を追求して予測していると、まかり間違って予想外の方向に転んだときにはお手上げで、逆に最悪の損害をこうむりかねない。

　そもそも問題解決における決断には、二種類の不確実性を考えておかなければならないのだ。

　ひとつは、競合相手がどんな手を打ってくるか、あるいはこちらの手の内が読まれているかがわからないという、かけひきに由来する不確実性である。それともうひとつは、前述のLTCMの破綻劇がロシアの経済危機によって引き起こされたように、偶然性という不確実性が存在する。「ミニマクスの原理」はこのふたつの不確実性を想定し、それに伴うリスクを極小化するための手法なのである。

そこで、成功したときにどれだけのメリットが出るかを考えるのではなく、それとは反対に、うまくいかなかったときにどれだけ損失を抑えられるかを考えて手を打つ――すなわち最悪の場合を想定するのが、「ミニマクスの原理」の基本的な考え方である。マキシマムのリスクをミニマムにするところから、こう名づけられた。

日米勝負の分かれ目

一見、消極的な戦略に思えるかもしれないが、それ以外のシナリオなら最悪のリスクからまぬがれ、よりよい結果が得られるわけだ。しかも、安全性は保証されるから、その範囲内でならかえって物事に集中して取り組める。じつは、一九八〇年代のアメリカがまさにそうであった。

よく知られるように、当時のアメリカ経済はどん底であった。続く九〇年代には日米の逆転現象が起こり、その最大の原因はＩＴ革命のスピードであったといわれるが、はたしてそれだけか。製造業の視点から見ると、八〇年代後半、両国のあいだに興味深い現象が起こっていたのである。

この時期、アメリカでは経済の立て直しをはかるため、その方策を説いたさまざまな報告書が作成された。もっとも有名なものが、一九八五年にヒューレット・パッカード社長のロバート・ヤングが発表した「ヤング・レポート」である。この内容は非常に示唆に富んでいた。情報化社会の到来が叫ばれ、世間の目はそちらにばかり向いているが、経済の根幹を成すのは製造業である。製造業の再生なくして、アメリカ経済の再生はありえないと断言し、加速する経済のサービス化に警鐘を鳴らしたのである。

その理由は、「もの」がなければ付加価値が生まれず、経済成長は望めないからだ。

日本の鉄鋼業を例にとってみよう。使っている原料の鉄鉱石はもちろん輸入品である。日本には一トンあたり二〇〇〇円で入ってくる。ところが、この二〇〇〇円の鉄鉱石で鉄板をつくると、歩留まりは半分だが、だいたい一トン五万円で売れる。さらにこの五万円の鉄板を使って自動車をつくると、一トンあたり一〇〇万円以上の価格になる。つまり、二〇〇〇円の石ころが自動車に化けると、一〇〇万円の価値を生むわけである。

こうしたモノをつくることで生み出される高い付加価値と、それを可能にするすぐれた技術力こそが一国の経済を支える生命線なのだ、ということを「ヤング・レポート」は強調したのである。

これに比べて、サービス業は付加価値が非常に低い。これはアメリカでも同じことがいえる。アメリカの場合、自動車産業の収益は一人あたりだいたい三六万ドル、コンピュータが四二万ドルといわれている。ところがサービス業の場合は、急成長している介護サービスなどの業種でも、年間せいぜい六万ドルから八万ドルしか収益があがらない。これはなぜか？　付加価値が非常に低いからである。ＩＴビジネスの代表格であるインターネットショッピングの分野でも、その収益性の低さが経営を圧迫しているケースが多い。消費者にとっては、買いに行く手間が省けるうえに、中間コストのカットで商品の価格が抑えられることはありがたい。しかし、それ以外の付加価値がないため、業者同士の値下げ競争は避けられず、利益がぎりぎりまで切り詰められるのだ。

「ヤング・レポート」は全米で大きな反響を呼んだ。それに続いて八九年、マサチューセッツ工科大学から、「メイド・イン・アメリカ」という四〇〇ページにもわたる報告書が発表された。これも、経済復興のために製造業はどのような役割を果たすべきかを説いたものであった。

八七年には、「マルコム・ボルドリッジ国家品質改善法」が議員立法により制定され、「マルコム・ボルドリッジ賞」が創設された。授賞式がホワイトハウスで行なわれるほどの国家的行事となり、この賞を受ける栄誉が、アメリカの経営者にとってはひとつの経営目標となっている。

こうした動きが、アメリカ経済復活への道筋をはっきりと示したことは論をまたない。アメリカはこれ以後、製造技術の再建を軸とした経済政策を次々と打ち出していったのである。この国家戦略はまさに「ミニマクスの原理の応用」である。すなわち、間違って不況がさらに悪化しても、企業の技術力や開発力を強化しておけば、景気が上向いたときに勝負をかけられる。逆に不況だからといって、設備投資や研究開発費をケチっていると、ますます競争力が低下し、ジリ貧になってしまう。

同じ頃、日本はどうであったか。皮肉にもバブル景気が絶頂期を迎え、〝金転がし〟で働かずに儲けることが利口であるかのような空気が蔓延してしまった。リスクに頬かむりをし、ムードを煽ったマスコミの罪は非常に重い。多くの日本人がミニマクスどころか、最大利益を求めて、「マクス・マクス」の博打にうつつを抜かしていたのである。戦後の日本経済を牽引《けんいん》し、現在の繁栄の礎《いしずえ》を築いたのが製造業であることなど、忘れ去られたかのようだった。その結果がどうなったかはいうまでもない。あの時期、日米両国は逆の方向を向いて歩いていたのである。

とはいえ、そのなかでもミニマクスの経営で乗りきり、いまも順調な企業は日本中にいくらでもある。たしかに、さまざまな経済指標は〝大不況〟を示しているが、数字が実態のすべてを反映してはいない。日本中がすべてダメになってしまったわけではないのだ。

私に言わせれば、日本は幸いなことに問題だらけである。なぜ「幸い」かというと、問題があるにもかかわらず日本が巨大な経済を維持しているということは、問題が解決されればさらに飛躍するに違いないからである。

問題があるから日本はダメなのだ、と現状をネガティブに見るか、問題があるにもかかわらずこれほど豊かだ、とポジティブに見るか、この違いは非常に大きい。なぜなら、およそ問題というものは、きちんとした手順を踏んで知恵を絞れば、かならず解決できるからである。

第五章

ＩＴ時代の落とし穴

加工された情報が失ったもの

現在、日本において、前年比二三パーセントの伸び率で成長している産業があるといったら、読者は驚かれるだろうか。ＤＶＤ（デジタル・ビデオ・ディスク）や光ファイバー、光センサー、光パネルといった光技術に関連する〝光産業〟がそれである。驚くべきことにその市場規模は、二〇〇一年（平成一三年）には約九兆六〇〇〇億円に達した。鉄鋼業の規模が約一二兆円であることを考えれば、この分野がこれからのリーディング産業のひとつになることは、まず間違いない。

この光技術のめざましい進歩によって、私たちはより大量のデジタル情報を、より速く、よりスムーズに取り扱えるようになった。すでに音楽産業では、とうの昔にレコードやカセットテープといったアナログ技術が市場の片隅に追いやられ、かわってＣＤ（コンパクト・ディスク）が主流になっている。これは、音声情報をデジタル信号に変換してディスクに記録し、レーザー光線によって読み出す技術である。そうなると今度は、当然のこと、ビデオ化されている映像をディスクに収録する方法というのが自然のなりゆきとして求められる。これが一躍、大ヒット商品に成長したＤＶＤである。

ところが、たとえば映画一本分の画像信号を、一枚のディスクの上に書き込むのはなまやさ

光産業の市場規模

2000年度見込（7兆8,155億円、+22.9%）		2001年度予測（9兆5,563億円、+22.3%）
光機器・装置（4兆6,316億円）		**（5兆4,375億円）**
光入出力装置	1兆5,598億円	1兆7,125億円
光ディスク	1兆2,017億円	1兆4,813億円
光伝送機器・装置	7,489億円	8,401億円
ディスプレイ装置	4,989億円	7,028億円
レーザー応用生産装置	3,636億円	4,057億円
光センシング機器	1,558億円	1,712億円
光部品（3兆1,840億円）		**（4兆1,188億円）**
ディスプレイ素子	1兆7,032億円	2兆1,008億円
発光素子	4,855億円	6,539億円
光ファイバー	2,175億円	2,664億円
受光素子	2,083億円	2,708億円
複合光素子	899億円	1,023億円

参考資料：（財）光産業技術振興協会

しいことではない。画像というのは、音声に比べてはるかに大量の情報を含んでいるからだ。そこで開発されたのが、ＪＰＥＧやＭＰＥＧといった「画像圧縮」の技術である。つまり、画像などの質を劣化させずに情報信号を圧縮することによって、きわめて大量の情報を記録したり、ネットワーク上ですばやくやりとりすることが可能になったのである。

　そもそも、マルチメディアやブロードバンドといった現代のＩＴ社会を支える情報技術インフラは、この「情報を圧縮する、あるいは凝縮する」という発想なしには実現しなかった。パソコンや携帯電話などを制御しているデジタル信号が、音声であれ、画像であれ、あらゆる情報内容を〝１〟か〝０〟に数値化し、単純化しているものだということは、誰でも知っているだろう。これも、ひとつの情報の圧縮である。

本来、生身のリアルな情報には連続性があり、複雑な揺らぎやひずみといった曖昧な要素が無数に存在する。ところが、デジタル処理される段階でそれらは「誤差」として扱われ、つぶされてしまうのだ。CDが世の中に出回りはじめたころ、音の輪郭は驚くほどクリアで聴きやすいが、レコードに比べてなにか物足りないといった音楽ファンの声がよく聞かれた。それもそのはずで、彼らにとっては、微妙な声の揺れから、息づかい、音のひずみ、ポツ、ポツというアナログ特有のノイズにいたるまで、デジタル化によってつぶされたリアルさこそが、音楽を聴くことの一種の醍醐味だったからである。こうしたファンの声はいまも根強く、一部ではアナログレコードを復活させようという動きさえある。

情報やデータを信号化し、圧縮することで、たしかにコミュニケーションの効率は飛躍的に高まり、スムーズになった。しかし、私たちにとって多くの情報を手に入れることよりも重要なのは、その情報をどう読むか、すなわち、問題解決の材料になるような「価値ある情報」をいかに見分けるかということだ。

私たちは、すべてが1か0かで表現されるバーチャル（仮想）空間で活動しているわけではない。生身の世界に生き、日々、現実と闘っているのだ。加工された情報の背後に隠れている、いや、隠されている事実を知らなければ、その闘いに勝つことはできない。

俳句は情報圧縮の芸術

考えてみれば、情報の圧縮という手法はなにもいまに始まったことではない。たとえば、私たちがふだん、なにげなく「うなぎどんぶり」を「うなどん」と呼び、「アンコウの肝」のことを「アンキモ」などというのはれっきとした情報圧縮である。安保（安全保障）、国体（国民体育大会）、外為《がいため》法（外国為替及び外国貿易管理法）などの略語もそうだし、おなじみの「経済」という言葉も、もとは「経世済民」（世を経《おさ》め、民を済《すく》う）という中国の格言を縮めたものである。

カタカナ言葉になると、これはもう枚挙に暇がない。パソコン（パーソナルコンピュータ）、ファミコン（ファミリーコンピュータ）に始まって、デジカメ（デジタルカメラ）、カーナビ（カーナビゲーション）、リモコン（リモートコントロール）、パトカー（パトロールカー）、マザコン（マザーコンプレックス）、コンビニ（コンビニエンスストア）など、無数にある。なんでも縮めればいいというものでもないと思うが、なかには「ペットボトル」――「ペット」は"polyethylene terephthalate resin"のP・E・Tをつなげたもの――のように、情報を圧縮しすぎて、本来の意味がまったく読み取れないものも少なくない。

固有名詞もしばしば圧縮される。とくに多いのが企業の名前で、すぐに思いつくものだけでも、住金（住友金属）、新日鐵（新日本製鐵）、東電（東京電力）、日航（日本航空）といった例がある。なかには、東芝、帝人、東レのように、圧縮した名前のほうが正式社名になってしまったケースもある（旧社名はそれぞれ東京芝浦電気、帝国人絹、東洋レーヨン）。

もともと日本文化には、無駄な修辞を排し、簡にして要を尽くした言語表現を好む土壌があるため、名詞だけでなく、文章もしばしば圧縮されてきた。徳川家康の家臣で「鬼作左」と恐れられた本多作左衛門重次が、陣中から妻に送った「一筆啓上　火の用心　お仙泣かすな　馬肥やせ」は、日本一短い手紙としてつとに有名だ。

それよりももっと凝縮された便りもある。一九七二年（昭和四七年）、南極越冬隊のある隊員のもとへ、日本に残してきた妻から一通の電報が届いた。そこにはたったひとこと、「アナタ」とあった。その三文字に込められた切々たる思いに、他の隊員たちも胸を打たれ、しばし言葉を失ったという。

こうした情報圧縮のひとつの極致といえるのが定型詩、とりわけ俳句であろう。これは人間が五感で感じうるその瞬間のすべてを、五・七・五のわずか一七文字に圧縮する我が国独自の文学形式である。

「しづけさや岩にしみいる蟬の声」（松尾芭蕉）

「牡丹散てうちかさなりぬ二三片」（与謝蕪村）

近年は俳句も国際化し、外国人のなかにも句作をたしなむ人がいるようだが、根底に流れる日本独特の情趣や美意識に対する造詣がないと、その一七文字中に凝縮された豊かな情報内容を汲みとることはむずかしいのではないか。その意味では、ある種の知識と経験を必要とする、「コード」（暗号）であるといえるかもしれない。

スケルトンニュースとは

情報がへたに圧縮されてしまうと、そこから、物事の本質や現場の空気、伝えた人の実感などを正確に読み取ることがいかにむずかしいか。最悪の場合、肝心の事実関係さえ正しく伝わらないことがあるから、どんなにいち早く手に入れた情報でも、その内容を十分に吟味したほうがいい。

もうふた昔も前のことだが、かつて新聞社や通信社ではどこでも、世界各地に配した特派員から電報で記事を送らせ、デスクの編集スタッフがそれをニュースの形に整えるというシステムをとっていた。現在でも「ＡＰ電」「ロイター電」などというのは、そのなごりである。

ところが、特派員からの電報を受けとって判読するのがひと苦労であった。なにしろ電報料金と電送時間を節約するために、極端に語数をしぼった暗号もどきの電文が届くからである。たとえば「街を歩いていた人が犬に嚙まれた」という内容の英文のニュースが、

"man bitten dog walking streetwise"

といった調子で、徹底的に圧縮されて打電されるのである。こうした電文は「スケルトンニュース」と呼ばれた。スケルトンとは「骨格」の意味であり、まさに骨だけの情報ということである。このスケルトンで送られてきた電文に担当記者が〝肉付け〟し、ニュースとして出稿できる文章にするわけだ。もちろん、自分の書いた記事をスケルトナイズする特派員のほうも相当の熟練を要した。最小限の言葉で事件の内容を正しく伝え、しかも、受け取った側にもすぐに意味がわかるようでなければならないからだ。

イギリスのある通信社に、こういうエピソードが伝わっている。一九〇一年九月のある朝、デスクに次のような至急電報が届いた。

"MacKinley Shot Buffalo"

MacKinleyとは、アメリカ第二五代大統領ウィリアム・マッキンレーのことである。受け取った若いスタッフは、なぜ大統領が野牛（バッファロー）を撃ったことなど、記事にして送ってくるのだろうと思いながら、その電文をくずかごに放り込もうとした。そこに通りかかったベテランの記者が、その電報を若いスタッフから受け取って読んだ。

スケルトンニュースを読み慣れていたベテランには、それが何を伝えようとしている文章か、すぐにわかった。大統領がバッファローを撃ったのではなく、「ニューヨーク州バッファロー市で、大統領が撃たれた」のであった。ベテラン記者がただちに出稿を命じたのはいうまでもない。アメリカ大統領暗殺という大事件を伝えるスクープは、間一髪のところでくずかごから救い出されたのである。

「野牛」と「都市」の名前を混同したといえばそれまでだが、この若いスタッフに、情報を〝読む〟技術や姿勢が足りなかったことは否《いな》めない。もしもベテラン記者がそこを通りかからなかったら、この通信社は他社に大きく後れをとり、甚大な損害をこうむっていただろう。

ほかにも、このスケルトンニュースをめぐっては、電文がたった一文字〝化けた〟ためにまったくの誤報が流れてしまい、銀行の取付け騒ぎが起こるなど、トラブルが少なくなかった。そのため、通信社や新聞社のデスクは四六時中、緊張の連続であった。

日本語の四割は〝必要なムダ〟

私たちはたいてい、相手に自分の意を伝えるために必要最低限よりも多くの言葉を費やしている。つまり、会話にそれだけ余分な言葉が入っているのだ。ある意味を伝えるとき、どれだけ余分な言葉が使われているか――このものさしを「冗長度」と呼ぶ。ある研究によると日本語はかなり冗長な言語で、その会話の冗長度は、一般に約四二パーセントだといわれている。冗長度というと、なにか非常にムダなもののように思うかもしれないが、そうではない。じつは冗長度が大きいおかげで、私たちは相手からきたメッセージを多少聞き漏らしても、ほぼ正確にその中身を理解できるのだ。

逆に、冗長度が非常に小さい文章の典型例が、電報である。先に述べたスケルトンの電文になると、これはもうかぎりなくゼロに近い。語数をしぼるあまり、ときには判読できなかったり、誤読されることもあったのだから、冗長度はマイナスといってもいいくらいである。

いくら理路整然とした話でも、必要最低限の言葉だけで、人間の情緒にはたらきかけるような修辞や細かい情景描写などがまったくないと、情報を受け取る側はわかりにくく感じてしまうものなのだ。ひとことでも聞き漏らしたり、意味を取り違えるともう訳がわからなくなる。これでは、情報を受け取るほうが疲れてしまう。だから、何やらむずかしく、とっつきにくく聞こえるのだ。役所の文章や学者の講義がわかりにくくて、評判が悪いというのも、まさにこの冗長度の問題である。

この考え方は問題解決のノウハウとしても重要で、会議で人を説得したり、全員の意思統一をはかる際におおいに利用できる。つまり、相手がわかりやすいと感じるように、冗長な部分を適度に織りまぜながら話を進めていけばいいのだ。

私自身、ときどきテレビや講演会などで話す機会があるが、私の話はわかりやすいとよくいわれる。べつに話がうまいからではない。わかりやすいと思われるのは、おそらく話の最後でかならずまとめを行なうからだろう。「ここまでの話を整理するとこうなります」「ここのところが肝心です」といった形で内容を要約して示すと、何を伝えたいかがハッキリするし、聞いているほうの頭も整理される。

こうしたまとめを行なうことは、すでに話した情報をもういちどおさらいするわけだから、いってみれば冗長そのものである。だが、一見非効率でムダに思えることが、価値ある情報を正確にやりとりするうえで大切なことなのである。

ものをいいすぎる数字に要注意

ところが、あらゆる種類の情報をいかに速く、大量にやりとりできるか——情報化時代においては、情報伝達の効率が最優先されるため、個々の情報やニュースは最小限に圧縮され、あるいは断片化される傾向にある。その結果、メディアを介したコミュニケーションから冗長度が失われ、さまざまな事件の真相や本質はますますわかりにくくなっているのが現状だ。

では、こうした不透明な状況下で人々の耳目を引きつけるには、どうすればいいか。一番てっとり早いのは、数字を出すことである。その証拠に、新聞やテレビ、インターネット上のニユースには、毎日さまざまな数字が躍っている。

たしかに百万言を費やすよりも、ひとつの具体的な数値データが問題の本質を浮き彫りにすることがある。ただ不況、不況とわめきたてるよりも、「完全失業率が五・〇パーセントに達した」という数字を出せば、事態の深刻さは一目瞭然だし、高齢化社会のさらなる進行を強調したければ、「五〇年後には、日本人の三人に一人がお年寄りになる」という統計予測を挙げればいい。ことに日本人には「数字に弱い」という妙なコンプレックスを抱えている人が多いだけに、説得力は十分である。

しかし、注意しなければならないのは、こうしたデータもまた断片的な情報だということである。前にも書いたが、統計による数字というものは、ある事態なり、状況なりの全体像を反映するものではなく、ある部分を映した影に過ぎない。だから、同じ事態に対しても、調べ方や焦点のあて方によっては違った数値が出ることがあるのだ。そうした性質をふまえて数字を読まないと、数字だけが勝手に一人歩きしてしまう。

数字にものをいわせた情報はわかりやすく、インパクトも大きいが、ものをいいすぎる数字には十分気をつけたほうがいい。ある仮説を補強するために、特定の視点に立って採られたデータが、都合よくねじ曲げられて使われるケースがあるからだ。

アメリカの作家マーク・トウェインはこう指摘している。

「三種類のうそがある。ふつうのうそ、しらじらしいうそ、それに統計」

もっとも巧妙で、うそとは思えないうそに利用されるのが統計というわけだ。

たとえば九五年、日米間の貿易摩擦による政治的緊張がひとつのピークに達した。このとき、アメリカが日本批判の武器としてもち出したのは、日本のアメリカに対する貿易黒字の六割が自動車だという数字である。日本車の対米輸出に対して高額関税をかけるという話にまで発展した。

この数字だけを聞くとたしかにそうだが、では、この六割という数字はどこから出てきたのか。対米黒字とは、日本のアメリカに対する輸出金額から輸入金額を差し引いた差額である。この数字を分母にして自動車の輸出額を割ると、なるほど六割になる。だが、対米輸出額全体で自動車の金額を割ると、わずか一七パーセントに過ぎない。アメリカは六割という数字にものをいわせて、自動車が対米黒字の主犯であるかのように強調したが、日本の輸出全体からみると、これは明らかにおかしい。作為的なデータである。

これをアメリカの通商代表や大統領が、公の場で口にする。日本のマスコミが鵜呑みにして騒ぎたてる。こうして日本の自動車産業は、まんまと〝濡《ぬ》れ衣《ぎぬ》〟を着せられてしまったのだ。

数字のトリックは数字で打ち破れ

そもそも日本のアメリカに対する貿易黒字が増大したのは、資本財の輸出が伸びたからである。資本財とは、ものをつくるのに使う部品、材料、工作機械といった生産資源のことだ。アメリカに対する輸出のほぼ七割を占めるのがこの資本財で、これが対米黒字の最大の原因になっているのである。自動車や家電品のような完成品は消費財というが、この消費財の対米輸出は全体の三割にもみたない。

ところが、このことをなぜか日本側は問題にしないのだ。もし日本に資本財の輸出を止められたら、アメリカのメーカーは何もつくれなくなってしまう。それほど高品質な日本の技術に依存しているのが、アメリカの、いや、世界中のものづくりの現実なのである。対米黒字が増えたのも、アメリカが好景気で工場の稼働率が上がり、ものづくりに不可欠な日本の資本財の輸入が伸びたからにほかならない。

また、アメリカはやたらと数字を振り回して、日本市場の閉鎖性を槍玉にあげるが、よく数字を調べてみると、アメリカ人一人あたりの日本製品購入額より、日本人一人あたりのアメリカ製品購入額のほうが多いのだ。貿易摩擦が先鋭化したあの九五年の時点でさえ、日本人はアメリカの製品を一人あたり約五〇八ドル買っていたのに対して、アメリカ人は四八八ドルしか買っていなかった。国民一人あたりでいうと、むしろ日本のほうが貿易赤字なのである。

ムードを煽り、世間に先入観を植えつけておいてから、それを補強するような都合のいいデータを出し、「それみたことか」といった調子で、その数字を楯にブラフをかけてくる。ワシントンの常套手段である。

しかし、もうおわかりであろう。

こうした数字のトリックを打ち破ろうと思えば、その同じ事態なり、現象なりをほかの視点からとらえた別の数字を出せばいいのだ。そのためには、データが相手の都合でどのように加工され、捻《ね》じ曲げられていったかという経過を、偏りのない目でよく見極めなければならない。先の、自動車の対米輸出の例でいえば、そもそも貿易収支というものが何を示す尺度なのかを、きちんと理解しておかなければならなかったのだ。

技術の世界ではアメリカも潔く負けを認める

先に、一人あたりの購入額で比べれば、日本人のほうがアメリカ製品をより多く買っているというデータを紹介した。私は以前、ある会合でこのことを指摘したのだが、私の計算はおかしいと言い出す人がいた。しかし、彼はどこがおかしいかを指摘することはできなかった。先入観だけで数字を疑い、それが出てきた経緯や背景を理解していなかったからだ。

この点、アメリカは逆に、はっきりとした合理的なデータをつきつけられると、意外なほど潔く自説を引っ込め、相手と手を結ぼうとする。

アメリカの半導体が日本に押されて低迷していたとき、アメリカの国防総省から呼ばれ、委員会で証言したことがある。当時、メーカーにいた私は、アメリカの半導体の欠点が一目瞭然のデータをたくさん持っていた。だから、委員会でそのデータを次々と示して、「こんなものをつくっているから、アメリカの半導体産業はダメなのだ」と、容赦なく批判したのである。

それからしばらくして、連邦政府はテキサスにセマティックという研究開発機関をつくった。その開設記念式典に、私は功労者の一人として招かれたばかりか、テキサス州の名誉州民の称号まで授かったのである。

アメリカという国はやはりフェアだと、つくづく感心したものだ。相手がたとえ経済摩擦で対立する〝敵国〟の人間でも、自国の産業復興のために手を貸してくれた恩には、相応の礼をもって報いようとするのである。

外交の席では、彼らは言いたい放題、ひどいことを言う。ときに詭弁《きべん》さえ弄して、自分の非を決して認めようとしない。それが彼らの戦術なのだ。このことは私も半導体摩擦のときに痛感した。しかし、本質的な部分では、アメリカはやはり合理精神に貫かれた国である。何が本当に重要かをよく理解し、それにこちらが応えてやると、向こうもきちんと応えてくれる。

ましてや、技術の世界というのは数字で表れる結果がすべてだ。複雑で曖昧な政治の世界と違って、どちらが優秀か、どちらが勝ったか負けたかというようなことは論じるまでもない。だから、彼らも率直に日本の優位を認め、官民一体となって、日本の先端技術を咀嚼《そしゃく》しようと努力しているわけだ。

アメリカ国防総省は日本の民生用技術を高く評価し、「ディアル・ユース・テクノロジー」（共用技術）として、軍事にも活用しようとしている。そのために、専門のグループがほとんど毎年のように来日し、私のところにも意見を聞きにくる。逆に、私がワシントンを訪れたときには、国防総省の関係者たちと一緒に食事でもしながら、日本の現状その他をレクチャーすることにしている。

技術の世界とはそういうものである。

「失われた一〇年」説はウソだった

巷《ちまた》にあふれる断片的な情報やデータは、しばしば私たちにあやまった先入観を植えつけ、物事の実態を覆い隠す。本来、偏りのない見識を示すべきマスコミや識者と呼ばれる人々が、ワシントンの尻馬に乗り、そうした情報の発信源になっているのだから、何をかいわんやである。

最近、非常に興味深い経験をした。某新聞社の経済担当のベテラン記者がやって来て、日本の経済はこれからどうなるかと、私に質問したのである。そこで、私は資料を渡しながら、現在こうだからこうなるよという話をした。すると、どういうわけか、その記者には私の話がすべて新鮮に響いたらしい。というよりも、知らなかったことばかりだという。相手はベテランの経済記者である。これはいったいどういうことか。どうやらその人の頭のなかにある日本経済の姿というのは、日々マスコミを賑わすニュースだけで構成されていたようだ。それが実態だと思い込んでいた。ところが、私が〝本当の〟数字を次々と示したものだから、目からうろこが落ちたのである。

たとえば、バブルがはじけて以来一〇年、日本の経済は空白が続いたといわれている。世間一般も、そう信じて疑わない。しかし、これはまったくのウソで、現実の指標の動きとは合わないのだ。

実際はきわめて低い日本の輸出依存度

一九九六年（平成八年）を見るがいい。この年の日本の経済成長率は三・六パーセント。アメリカでさえ二・五パーセントにとどまり、先進国のなかでは日本が一番経済がよかった。九六年というと、わずか五年前である。その証拠の数字をまず彼に見せた。

しかも重要なことは、その経済成長率三・六パーセントの内訳である。内需が四・四パーセ

年別のGDP成長率と内外需寄与度の推移

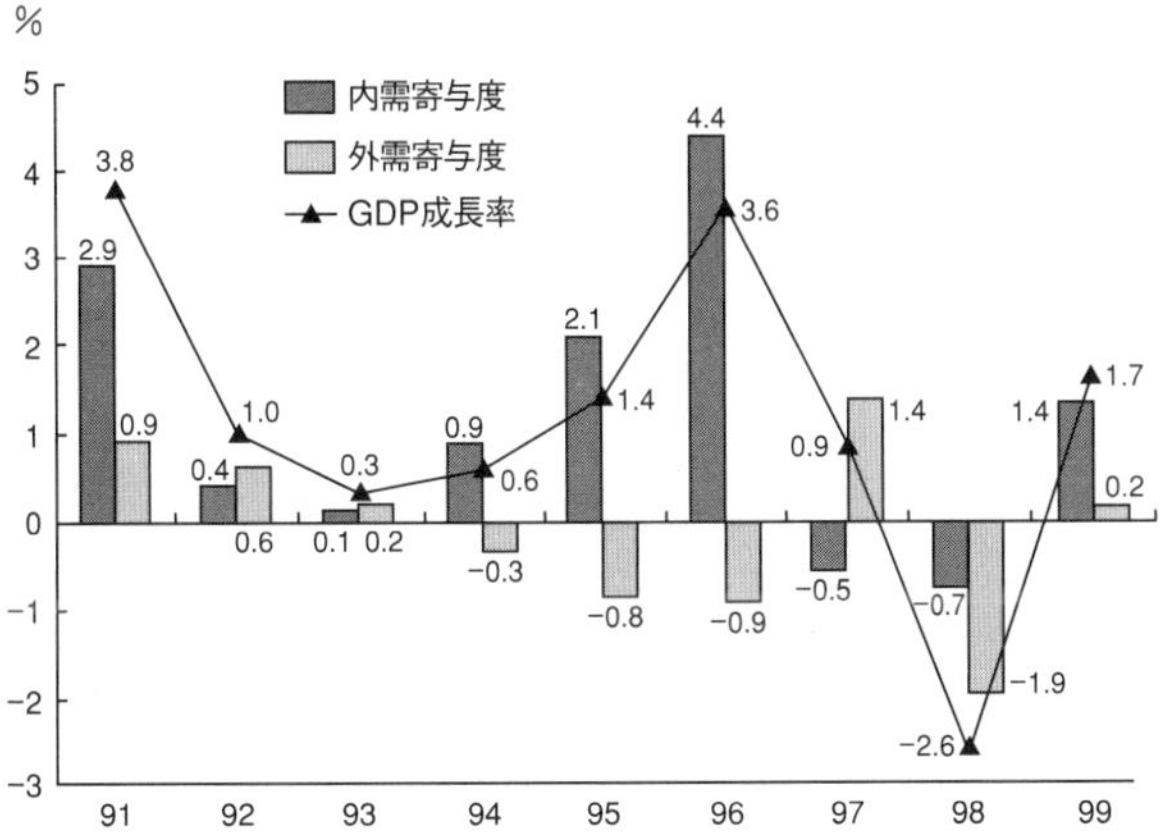

参考資料：経済企画庁

ントなのに対して、外需、つまり輸出はマイナス〇・九パーセント。減少しているのである。日本経済は輸出に依存しているといわれ、なにかと批判されるが、現実はまったく違う。日本は内需の国なのであって、外需の国ではない。

彼にもうひとつ証拠を見せた。

日本の輸出依存度は、日本のＧＤＰのわずか一〇パーセント程度だというデータである。アメリカは八パーセント、ヨーロッパは二〇パーセント前後、韓国、台湾は四〇パーセントを上回っている。このように他国のデータと比較していくと、アメリカと日本は世界でもっとも外需に頼ることの少ない国だということが、数字で証明されるわけである。

ところが、新聞や雑誌を見ると、輸出が減ると日本の経済がおかしくなるとか、アメリカの経済がいいと、日本は輸出で稼ぎまくって問題を起こすとか、そういう発想で書かれたものが非常に多い。明らかな認識不足であり、私に言わせれば、言論公害でさえある。

ワシントンへ行き、アメリカ商務省を訪れてみるとわかることだが、あそこにはアメリカで活動している日本企業のデータがすべて揃っている。私はそこで、驚くべき数字を発見した。アメリカで操業する日系の工場はじつに一七六〇を数える。そこでつくられる製品はアメリカから輸出され、なんとアメリカの全輸出の九・六パーセントを支えているのだ。ほとんど一割に近い。アメリカの貿易赤字を一生懸命減らしているのは、ほかならぬ日本企業なのである。

この数字もまた、その記者は知らなかった。

いろいろとまことしやかに流れている、いわゆる通説、定説というものには、このように間違いが多い。しかも、それを鵜呑みにしたメディアが、ものすごいスピードで大量の情報を再生産し、世の中に撒き散らしてしまうのが、高度情報化社会のこわいところだ。いかに正確なコンピュータでも、間違った情報をインプットすれば、アウトプットは〝正確な〟間違いを繰り返すのみである。

貯蓄大国・日本のパラドックス

いったい現実はどうなっているのか、本当の数字はどうなっているのかをよく確かめないと、

貯蓄残高の世帯分布（2000年：勤労者世帯）

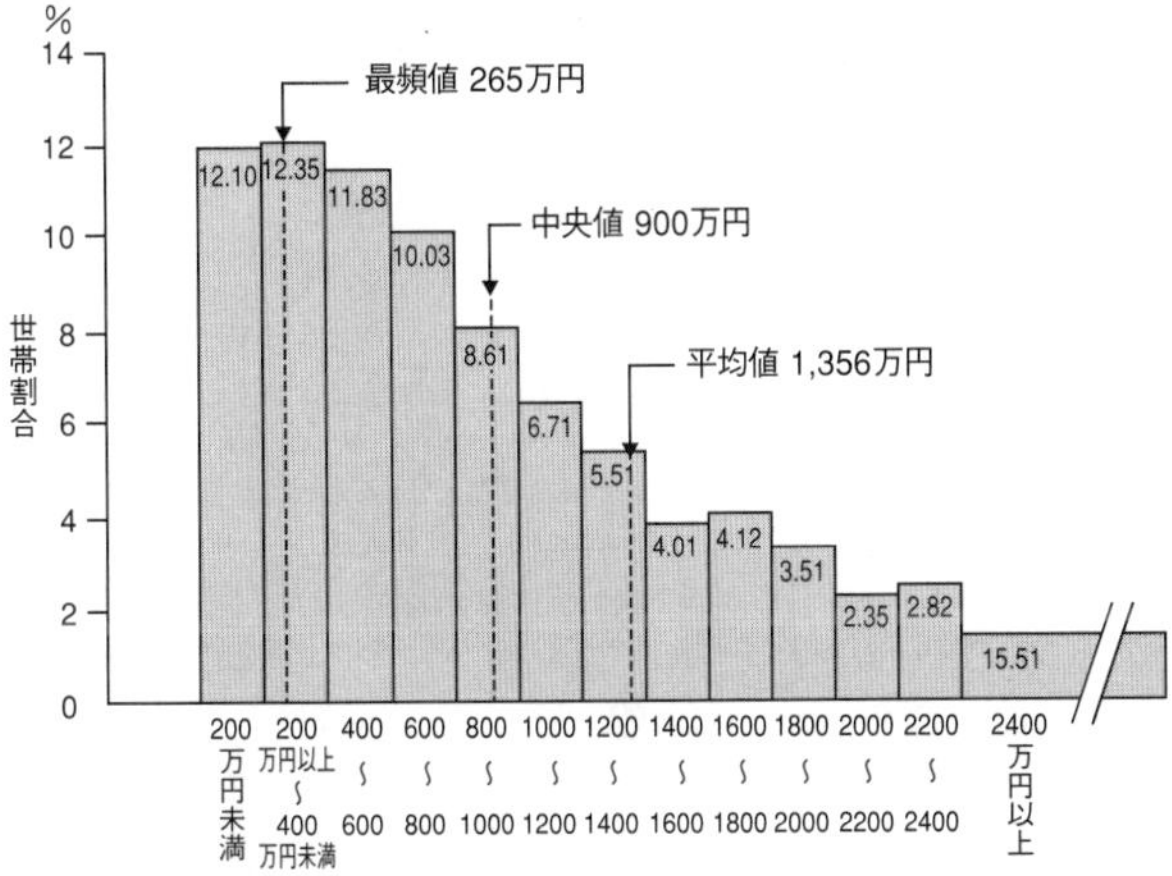

参考資料：総務省統計局

企業経営であれ、個人活動であれ、正しい判断は下せない。

たとえば先に、長引く不況から脱するためには、日本のＧＤＰの約六割を占める個人消費を喚起しなければならない、と述べた。ところが、これがいま非常に低迷している。二〇〇〇年度の実質民間最終消費支出は前年度比マイナス〇・二パーセントと落ち込んだ。実質民間最終消費支出の伸び率がマイナスとなるのは、一九五五年度までさかのぼっても一度しかない。きわめて深刻な状態にある。

その原因として雇用者所得の伸び悩みがよくいわれるが、はたしてそうなのか。それより貯蓄の話がほとんど出てこないのが、私には不思議でならない。この不況下でも、日本の個人金融資産は一四〇〇兆円もあり、一世帯あたりの貯蓄の平均額は一四〇〇万円近くになる。

もっとも、すべてを足して単純に平均すると、一部のお金持ちに押し上げられて、実感より高くなりがちである。そこで、貯蓄の多い人からゼロの人まで一列に並べて、真ん中の人の数値をとる。これを中央値という。この数値では、一世帯あたり九〇〇万円になる。

いずれにせよ、平均的に見て日本人がかなりの金持ちであることは間違いない。貯蓄という数字だけで見ると、日本は世界一である。にもかかわらず、この膨大な資金が消費に結びつかず、個人の懐《ふところ》で眠っているのだ。

アメリカは景気が多少落ちたというが、それでも個人消費は底堅い。これは数字が示している。ところが、貯蓄はマイナスである。彼らは貯金をしないで、せっせとモノを買っている。これに対して、日本の消費者は九〇〇万円もの貯蓄を持っていながら、モノを買わない。だから、いま世の中は大変なことになっている。日本の指導者層やマスコミには、そういう認識が足りないのではないだろうか。

「貯蓄のパラドックス」という現象がある。国民の所得水準が一定以上である限り、個々の貯蓄意欲の高まりは当然、その個人の貯蓄額を増大させる。しかし、経済全体でみると、貯蓄意欲の高まりが、消費支出の縮小→景気の低迷→国民所得の減少→貯蓄水準の低下というルートをたどって、むしろ貯蓄額の減少を招くかもしれない。個人にとっては真なる事象が、個人の集合である全体についてはかならずしも真でないということの種の逆説を、「合成の誤謬《ごびゅう》」と呼ぶ。

いまの日本はこうした逆説的な危機に陥る公算が大きい。このまま消費が喚起されなければ、虎の子の貯蓄も危ないというわけである。

「空気」で移ろう個人消費

では、なぜこれほど消費マインドが冷え込んでしまったのか。繰り返すが、所得の伸び悩みは決して問題の本質ではない。要するに世間の「空気」に原因がある。空気というのは非常に恐ろしい。

ここへきて、ようやく個人消費を活性化しようという話が出てきているが、いままではひどかった。一九九七年、山一證券をはじめいくつかの大手金融機関が破綻したが、自主廃業に追い込まれた山一のトップがテレビカメラの前で男泣きしたシーンは、いまも記憶に新しい。あれ以来、新聞の一面には連日「金融不祥事」の文字が躍った。証券会社や銀行の不祥事は、それからなんと一年半も続き、最後にやられたのが日銀と大蔵省だった。不思議なことに、それで不祥事のニュースがピタッと止まった。おそらく検察庁も、これ以上やると日本がおかしくなる、と考えてやめたのであろう。

実際は金融業界の一部のスキャンダルであったにもかかわらず、一年半も「日本はダメだ、日本は危ない」といわれつづけたら、たいていの人は本当におかしくなる。暗いニュースは、世の中全体の空気まで暗くしてしまうのだ。国民は将来に漠とした不安を抱き、消費よりもリスクヘッジとしての貯蓄に金をまわすようになる。これが目下の不況の最大の原因である。私に言わせれば、明らかに「マスコミ不況」の色彩が強い。

その証拠に、世間の空気が少しでも明るくなれば、個人消費はすぐに反応する。たとえば二〇世紀最後の年には、プロ野球で巨人が日本一になった。これによる経済的な波及効果は、驚くべきことに五四〇億円ぐらいあったといわれている。

さらにその前々年には、横浜一帯が例外的に好景気に沸いた。理由は簡単である。関東学院大学が優勝したお正月の箱根駅伝を皮切りに、あの「平成の怪物」松坂大輔投手を擁した横浜高校の甲子園春夏連覇、そして、プロ野球では横浜ベイスターズのじつに三八年ぶりの優勝と、一年を通して地元横浜の「空気」が盛り上がりっぱなしだったからだ。このとき、横浜駅東口にベイスターズ優勝を祈願するお社《やしろ》がつくられたが、そこにはなんと七〇〇〇万円ものお賽銭が入ったという。優勝パレード等のイベントによる地域経済への波及効果は、三〇〇億円にのぼった。

もとよりお金がないわけではない。だから、このように個人消費は、世の中の空気しだいで敏感に移ろうのだ。この空気をどう変えていくか、じつはこれが日本経済を活性化する一番重要な問題である。

日本人の消費は「ゆとり」へ向かう

個人消費の中身についても、くわしく検討していくと、これまでにほとんど論じられていない数字が出てくる。

一世帯・一カ月あたりの家計消費支出の構造を示すデータをみると、まず衣食住にはじまり、医療、交通、通信費と、生活上必要不可欠な支出が並ぶ。これらは全体の約三分の二を占め、その割合を個人消費支出全体の三〇〇兆円にあてはめると、およそ二〇〇兆円になる。

衣食住が足りて、日常生活に不自由しなくなると、残りのお金はいわゆるゆとりの支出へと向かっていく。教育・教養・娯楽費、理美容費、交際費等々、ひと昔前には雑費と称した項目である。これらが残りの一〇〇兆円分にあたる。なかでも興味深いのが、〝使途不明金〟としか分類しようのない支出である。横浜ベイスターズのファンが優勝を祈願して出した七〇〇〇万円ものお賽銭などは、もちろんこの使途不明金から出たものだ。これが、日本の個人消費の一面を示す家計調査の結果である。

最近は所得が伸び悩んでいるから、家計調査を見てもあまりお金を使わなくなったというが、その内訳が大きく変わってきていることに、われわれはもっと目を向けなければならない。

生活感覚の移り変わり

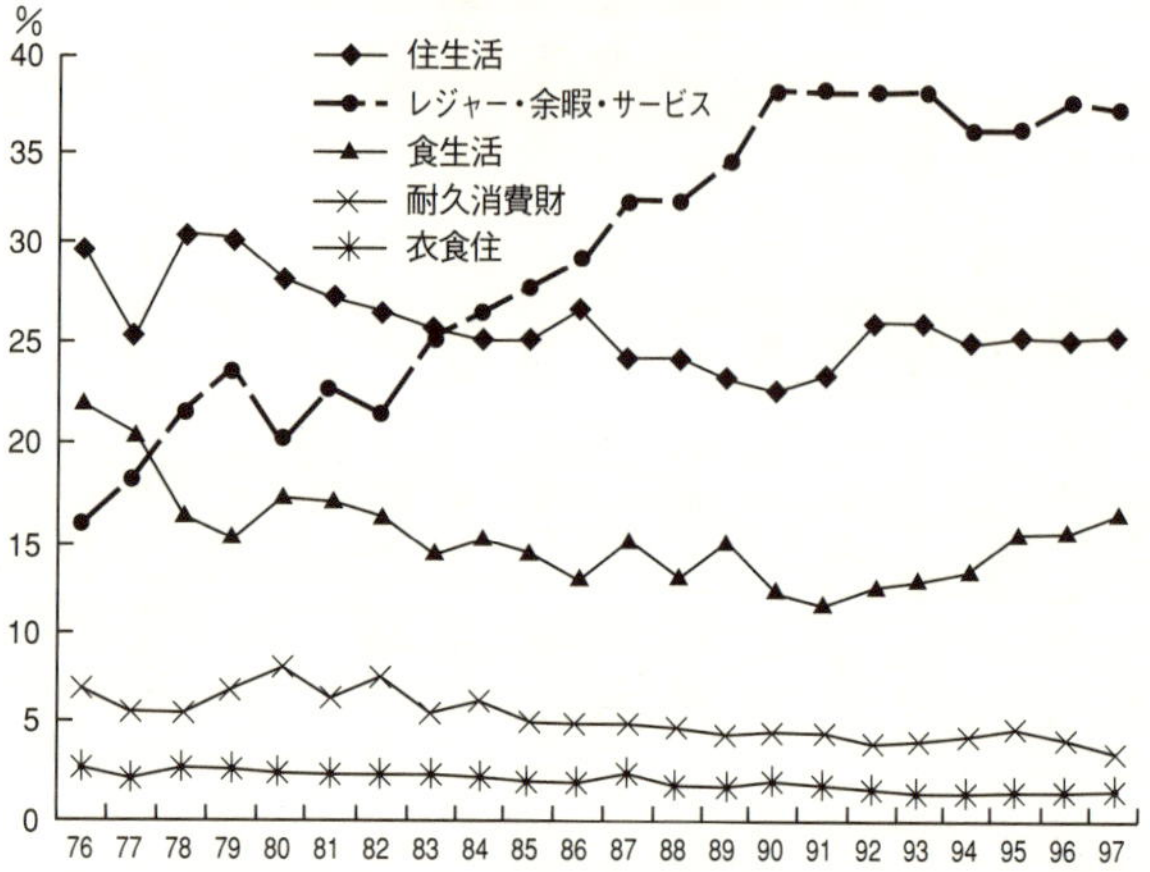

参考資料：総理府広報室「国民生活に関する世論調査」

総務庁が毎年発表してきた資料のなかに、「生活感覚の推移」というデータがある。これは、実際に何を買ったかという数字ではなくて、今後どういうものがほしいかという意識調査である。

それによると、衣類は横ばいからやや減ってきている。これは当然であろう。日本人のファッション意識は非常に高く、女性なら、いまや同じ用途の服を二〇～三〇着もっているのはざらである。それでも洋服は一回に一着しか着られない。まさに飽和状態なのだ。

耐久消費財も少しずつ落ち気味である。よくいわれるように、日本では、あらゆる家庭に耐久消費財が普及している。ただでさえ狭い家のなかに、もはや置くところもないほどだ。

食料関係にいたっては、目に見えて減ってきている。安い輸入食材が増えたからである。

軒並み数字が落ちているなかで、注目されるのは住宅関係である。これは二〇年前からほとんど二五パーセント前後で、横ばいである。家計支出全体はこの二〇年間で約一・四倍に増えているから、横ばいだということは、この分野の支出も金額ベースでは一・四倍になっているということだ。

食べることにも、着ることにも満足した日本人が、今度は住まいを快適にするためにお金を使うようになってきたことは間違いない。私はこのデータを、「経済戦略会議」の議長であった樋口廣太郎さんに差し上げた。九九年度からの住宅減税の決定は、この数字が根拠になったのである。

住宅関係といっても、もちろん家の新築・改築に使うお金だけではない。たとえば、家具を含めたインテリア。これがいま、ひとつのブームになっている。東アジアの経済危機以降、東アジアで生産される家具が非常に安く、国内市場に出回るようになった。したがって家具は昔から比べると、非常に安くて、いいものが手に入る時代になった。じゅうたん・カーペット類もよく売れている。じゅうたんの供給国として名高いのはイランだけれど、イランの輸出先のトップは日本である。

「日本人はうさぎ小屋に住んでいる」といわれて久しいが、それでも住宅面積は着々と増えているし、第一、居住空間の快適性は面積だけでは測れない。こういったことで、住まいを快適にするために日本人はお金を使いだした。その志向性が、二五パーセントという数字に表れている。

ところが、それ以上に伸びている分野がある。レジャー、余暇、サービスに対する支出である。二〇年前にはわずか一五パーセントだったのが、現在は三五パーセントと急激に伸びてきた。まさに日本人のゆとりの向上を示す指標である。

最近は、自動車も乗用車に代わってRV車やSUV車といった、いわゆるスポーツ的な車がよく売れているが、これも、ゆとりの支出として買っていると考えていい。だから、扱いが違う。かつては、乗用車といえば家宝みたいなもので、ピカピカに磨いて大事に乗るのがふつうだった。ところが、RVのような車は、ピカピカにして乗っているとバカにされるらしい。少しぐらい泥がついて、汚れていたほうがいいというのだ。

こうした日本人のゆとりや豊かさは、海外に出るともっとよくわかる。何といっても、海外旅行客数の伸びがすごい。いまや一七〇〇万人である。世界中どこへ行っても日本人観光客だらけで、しかも、最近は高齢化社会を反映してか、元気なお年寄りの姿が目立つようになってきた。

ＩＴ関連の消費はまだまだ少ない

いまや日本の大衆は、ゆとりを楽しむためにお金を使いはじめた。ただし、そのゆとりの楽しみ方は、時代とともにめまぐるしく移り変わっている。

最近の大きな変化は、何といっても携帯電話の登場である。携帯電話は重量が九〇グラムを切ってから爆発的に普及し、すでに契約件数ベースで一般の加入電話を追い越してしまった。いまでこそ歩きながら会話したり、電子メールのやりとりをしている人は珍しくも何ともないが、こうした光景が日本人の日常に定着したのは、わずかこの三、四年のことである。利用者一人あたりの延べ通話時間が急速に増え、その結果、カラオケなど他の娯楽分野が割を食うといった現象も現れているのだ。

そもそも日本人は一日二四時間をどのように使っているのか——ＮＨＫ放送文化研究所がまとめた「国民生活時間調査」というデータによると、世間一般の認識とはかなり違った傾向が見て取れる。

まず一日で一番多くの時間を費やすのは、もちろん仕事である。だいたい短い人でも六時間、長い人になると八時間、九時間は珍しくない。ところが食事となると、日本人は意外に短い。朝昼晩の三食にかける時間を全部足しても一時間に満たない。このあたりが諸外国、とりわけラテン系の人々とはかなり違う。よく知られるように、彼らは食事をゆったりと楽しむ。スペインあたりでは、昼食をとるためにわざわざ仕事先から自宅へ帰る習慣があるほどだ。日本ではとても考えられない。食事に費やす時間を見ただけでも、日本人はアメリカ人とならんで働きバチだということがわかるのである。

そのなかで、メディアとの接触時間はどうなっているのか。IT時代にはこれが非常に重要になってくる。まずテレビを見ている時間が三時間ぐらい。それから電話を使用している時間が、意外に短くて一〇分程度。あとは雑誌や新聞を見ている時間で、すべてを合計すると、メディアとの平均接触時間は四時間前後になる。

この数字を見る限り、テレビとの接触時間が際立って長い。日本人の生活パターンにテレビの視聴という行為が完全に組み込まれているということが、これでわかるわけである。平日で三時間、週末になると四時間、五時間はザラだということ。二四時間のうちこれだけ時間を費やしているメディアがテレビだということを、われわれは正確に認識しておかなければならない。

ところで、パソコンなどの新しいメディアに対しては、どのぐらいの時間が使われているのだろう。これはまだ統計が不十分でかならずしも正確ではないが、平均するとせいぜい数十分、一時間には満たないといわれている。もちろん、こうしたメディアとのつきあいによって、日本人の生活がさらに変わり、そこから新しい産業が生まれてくることは間違いない。

ただし、重要なのはコストの問題である。個人がメディアとの接触にお金をどれだけ使っているか。これがじつは非常に安い。食事に行くとか、ショッピングを楽しむとか、そういったことと比較するとコスト的にはかなり安上がりなのである。

ＩＴ時代とはいいながら、三〇〇兆円の個人消費のなかで、メディア関連はまだ微々たるものでしかない。しかも、そこに新しく次世代携帯電話などのモバイル端末が参入し、ゲームなどほかの分野が食われるという傾向が現実に出てきている。こうした市場の変化をにらみながら、個人消費を考えていかないと、とんでもない読み違いをすることになるだろう。

なぜ東京の商店街が阿波踊りをはじめたか

ところで、「市場」という言葉を口にするとき、あなたはそこに暮らす消費者ひとりひとりの日常や感情の機微まで、リアルに思い描くことができるだろうか。効率重視の大づかみな発想では、ステレオタイプの消費パターンしか想像できないかもしれない。しかし実際には、あるひとつの消費パターンが個々の嗜好や気分によって二つに分かれ、四つになり、八つになり、と次々に細分化されていく。それが市場の〝現場〟の実相である。

そうした商いの現場に分け入ってみると、たとえば、どの街や地域にもたいてい商店街というものがある。そこでは昔から、売り手と顧客が濃密なコミュニケーションを交わしながら、個々のニーズに細かく対応してきた。庶民の台所と親しまれるゆえんである。

しかし、この商店街がいま苦戦を強いられている。大型店やコンビニエンスストアにおされ、どこもひところに比べると客足が遠のいてしまったからだ。これをどのようにして立て直していくか。各地元ではさまざまな呼び物やイベントが企画され、商店街活性化に向けた試みが行なわれて、しかも成功している。その「町おこし」の活動がじつに興味深い。

東京でいうと、古い歴史と実績を持つのが高円寺である。ここは商店街活性化のために、なんと縁もゆかりもない「阿波踊り」を引っ張ってきた。なぜ東京で阿波踊りなのか、と疑問をもつかもしれないが、何度も指摘してきたように、問題解決は理屈ではない。町おこしであれ何であれ、結果がすべてなのだ。このイベントは一九五七年（昭和三二年）の開始以来、すでに四〇年以上も続いている。いまや地元の風物詩として完全に定着したばかりか、地元の商店街も阿波踊りのおかげで知名度が高まった。隣町の阿佐ヶ谷の商店街も、七夕祭りで有名である。

同じように、各地の商店街がアイデアを競い、それぞれ個性をもったデモンストレーションをはじめるようになった。すると、やはりお客が集まってくるのである。こういうふうに見てみると、個人消費というものは非常に浮気っぽい。「浮気っぽい」という言葉は適切ではないかもしれないが、気分しだいでいかようにも変わるということである。

ＰＯＳデータの解析でわかった意外な購買動機

たとえば、ちょっとした天候の変化にも、消費者の〝気分〟は敏感に反応する。

あのセブン－イレブンが大を成した要因が、ＰＯＳ（ポイント・オブ・セールス）と呼ばれるシステムにあったことは広く知られている。セブン－イレブンを利用すると、本部のコンピュータと各店舗のレジ端末が連結されていて、どの店で、どの商品が、いくつ売れたかといったデータが、リアルタイムで中央に集められるようになっている。これにより、売上管理や在庫管理、発注計画などが容易になり、非常に効率のいいチェーン展開ができるようになったわけである。


私は、このシステムを活用してアイスクリームのマーチャンダイジングを手がけた経験がある。アイスクリームというのは商品の特性上、どれだけ仕入れて、各店舗にどれだけ分配するかがむずかしい。そこで、予見をいれずにＰＯＳでとったデータをかたっぱしから分析してみた。すると、ある興味深い事実が浮かび上がってきた。東京地方では気温が二六度、湿度が七〇パーセントを超すと、とたんにアイスクリームが売れ出すのだ。さっそく気象予報会社に手配し、それぞれの地域の天気予報データを集めた。それに従ってアイスクリームを分配すれば、お客さんが買いたいと思うタイミングで、各店舗にアイスクリームが届くことになるからだ。

これによって、商品の回転率を最大化することに成功した。

二〇〇一年の夏は記録的な猛暑が続いた。そのため、エアコンが史上最高の売れ行きを示し、メーカーでは生産が追いつかないほどであったという。さらに、「洗剤のいらない洗濯機」という画期的な新商品が発売された。

これは、水道水を電気分解して活性酸素を発生させることで、一日着た程度の肌着なら十分に汚れを落とせるという新技術である。暑さが厳しいと家庭での洗濯の回数が増えるからだろう、これも売れに売れて、IT関連商品以外では久しぶりの大ヒットとなった。不況、不況といいながらも、細かく見ていくと、けっこう業績を伸ばしているところもあるということだ。

個人の意思決定は理屈で割りきれない

儲かっている企業のトップは、口をそろえていう。

「消費者がお金をもっていないわけではない。買いたい商品が市場にないだけだ。消費者が欲しいと思うものをつくれば、かならず売れる」

考えてみれば当然のことで、これが、「個人消費が冷え込んでいる」という一般論の裏にひそむ現実なのである。もとより買うかどうかを決めるのは、売り手ではなく消費者だ。いくら出血覚悟で値段を下げてみても、消費者がお金を払って買いたいと思う商品やサービスでなければ、売れるわけがない。逆に、何ということもないデザインなのに数十万円もするようなブランド品でも、欲しいと思う人がいれば売れるのである。

そう考えると、値段などというものは、購入動機のほんの一要素に過ぎない。人が何かを買う、その瞬間の意思決定はもっと衝動的なものだ。先に「浮気っぽい」と表現したのは、このことである。

アダム・スミスの古典経済学、マルクス経済学、ケインズの近代経済学の三つは代表的経済学理論であるが、どれも巨視的な視点から経済の諸相をとらえようとするものであった。これらは、経済活動におけるさまざまな現象を説明するのに、人間という存在を、つねに自己の最大満足を求めて合理的に動くプレイヤーとして想定している。

だが、生身の人間は決してそれだけではない。合理的であろうと思いながら、情に流され、ムードに乗せられる現実的な生き物でもあるのだ。総体的に見れば、たしかに人々は最大の利益を求めて行動するが、個々のより身近な場面では、結果として理屈で割りきれない決断をしているのがふつうである。勝負は、数字や理論では説明できない人の心を、いかにしてつかむかに尽きるのだ。

このことは、販売の問題にかぎらない。政治や外交であれ、あるいはスポーツなどの勝負事であれ、およそ人間の意思決定がその結果を左右する局面においては、まずその現場における人間心理への深い洞察とすぐれた着眼がなければ、思うような成果は得られないものである。

これが問題解決の力学である。

論理的な解決策だけが解決策ではない

問題解決の本質というものを、ここでもう一度よく認識しておく必要がある。それはつねに、生身の人間が生身の人間を相手に行なうということだ。したがって、同じような状況、場面に出会っても、最適な解答はそのつど違って当然である。第四章までに、論理的・分析的な問題解決のプロセスについて述べてきたが、これはあくまで前述の認識がその根底になければならない。現場の「空気」がそれを求めるならば、ときには理詰めでない、むしろ曖昧な解決策が最善手になることもありうるわけだ。

たとえば、落語に「三方一両損」という噺《はなし》がある。

左官屋の男が三両入った財布を拾い、律儀にも落とし主を見つけて金を返そうとした。ところが、落とし主の大工は財布は受け取ったが、金は自分のものでないから持って返れ、といって受け取らない。左官屋も強情で、そんな金が欲しくて届けたのではない、と言い張った。どちらが受け取るかで喧嘩になり、話はとうとう奉行所に持ち込まれた。双方の言い分を聞いた南町奉行の大岡越前守は、自腹を切って一両足し、左官屋と大工に二両ずつ与えた。拾い主は、そのままもらっておけば三両懐に入ったので、一両の損。落とし主も、黙って受け取れば三両戻ったのが、一両の損。奉行も、自分の財布から一両出したのだから、これも一両の損。これでどちらも文句はあるまい、という名裁きでみごとに喧嘩はおさまった――。

いわゆる「大岡裁き」のひとつだが、日常生活では、こういった論理的とはいえない策が功を奏し、問題が解決されることも少なくない。

急ぎの仕事で、社内連絡の行き違いによるトラブルが発生したとしよう。納期に間に合わせるには、誰かが徹夜でやり直さなければならない。だが、連絡ミスを犯した双方が「言った」「言わない」で、どちらも自分の責任を認めなかったらどうなるか。徹底して責任論にこだわる欧米の職場なら、おそらく平行線のまま、問題はこじれにこじれてしまうだろう。しかし、こうした場合の責任というものは、どちらにあって、どちらにはないと、単純に一かゼロかで割り切れるものではない。当然のこと、それよりも前にまずやるべきなのは、早急にトラブルを解決し、納期を守ることである。

日本ではこういう場合、本来は何の非もない上司や先輩など第三者が出てきて、先の「三方一両損」でまるくおさめるケースがよく見られる。すなわち、自分も手伝うから全員で協力して早く仕事を片付けよう、と提案するのだ。三者がそれぞれ少しずつ不利を受け入れることで最良点を探り、事態を打開する――部下を持った経験のある人なら、一度は使ったことのある手ではないか。

きわめて日本的で、現実主義的な方法論である。

問題解決の力学

そうはいっても、こうした柔軟な問題解決はつねに現場へ行き、現場の空気を熟知していなければできないことだ。世間に出回っているもっともらしい理屈だけで、生身の人間を動かし、現実と闘おうとするとかならず失敗することになる。相手はいま、何を考えているのか、どういう状況に置かれているのか。現場で、生の声や情報に接してはじめて、問題の最適化をはかることができるのである。

最近、日本では公共事業投資に対する風当たりがたいへん厳しいが、かつてはアメリカでも、科学技術に関する研究開発費の配分に問題が多かった。一九八四年、その配分の調整役をになうNSF（全米科学財団）の長官に、IBMの元副社長であるエリック・ブロックが任命された。彼は当時、IBMの開発責任者であったにもかかわらず、NSFに引き抜かれ、国家的プロジェクトの舵取りを任されたのである。

ブロック氏は、大学や研究機関に対する資金援助の配分を全面的に見直したのだが、これがアメリカ国内で大問題になり、批判もずいぶん受けた。無理もない。援助を減らされた側からすれば、いままでもらえたものがもらえなくなるのだから、あいつはわかっていないと噛みつきたくもなるだろう。

　私はブロック氏と親しいので、この一件について質問したことがある。

「ずいぶん反対があったようですが、よくやり遂げられましたね」

　すると、彼はこともなげに、

「たしかに、従来のやり方をすべて変えるのですから、大変でした。抵抗勢力も大勢いました。しかし私は、反対する連中のところへ直接乗り込んでいって、相手の言い分を聞き、お互いに納得するまでとことん議論しました」

と、こう言うのである。日本で、大型プロジェクトのトップが直接現場に乗り込み、説得に努めた、というような話は聞いたことがない。しかし、彼はそれをやって、とかく過去の経緯やしがらみに縛られやすい資金配分を、根こそぎ変えてしまったのである。

　日本の場合、中・小規模のプロジェクトならうまくいくが、大型の国家的事業となると東海道新幹線が成功したぐらいで、それ以外はあまり成果があがっていない。橋の建設にせよ、空港の拡張にせよ、最高責任者が現場のことを知らないし、経験もない。過去の経歴のうえに乗っかっているだけだからだ。アメリカの半導体が日本にやられたとき、アメリカ政府はインテルの創業者、ロバート・ノイスをトップに据え、セマティックという開発組織をつくって成功した。彼は残念なことに過労で倒れたが、この計画はみごとに成功した。やはり本物を連れてこなくてはダメだ。日本の大型プロジェクトがうまくいかないのは、本物を連れてこないからだと断言しておきたい。

問題解決はつねに現実との闘いである。状況の変化を読み、最適の手を最適のタイミングで繰り出すことだ。現場現物主義だけが成功の手段である。

PHP新書

PHP INTERFACE
http://www.php.co.jp/

唐津 一［からつ・はじめ］

1919年、旧満州生まれ。東京大学工学部卒業後、逓信省電気試験所を経て、日本電信電話公社（現NTT）に入社。1961年、松下通信工業に移り、1978年常務取締役、1984年には松下電器産業技術顧問に就任。その間、1981年にデミング賞本賞受賞。現在は東海大学教授、電通顧問。目先の状況に振り回されるマスコミや識者を、データをもとに論破していく辛口評論に定評がある。
著書は『技術参謀が日本を変える』（中央公論新社）、『日本経済の底力』（日本経済新聞社）、『デフレ繁栄論（第4回山本七平賞受賞）』（PHP研究所）、『販売の科学』（PHP文庫）、『かけひきの科学』『説得の法則』（以上、PHP新書）など多数。

ビジネス難問の解き方

壁を突破する思考

（PHP新書 199）

二〇〇二年四月三十日 第一版第一刷

著者――唐津 一
発行者――江口克彦
発行所――PHP研究所
東京本部――〒102-8331 千代田区三番町3-10
新書出版部 ☎03-3239-6298
普及一部 ☎03-3239-6233
京都本部――〒601-8411 京都市南区西九条北ノ内町11
組版――有限会社エヴリ・シンク
装幀者――芦澤泰偉＋野津明子
印刷所
製本所――図書印刷株式会社

ISBN4-569-62169-4

ＰＨＰ新書刊行にあたって

「繁栄を通じて平和と幸福を」(PEACE and HAPPINESS through PROSPERITY)の願いのもと、ＰＨＰ研究所が創設されて今年で五十周年を迎えます。その歩みは、日本人が先の戦争を乗り越え、並々ならぬ努力を続けて、今日の繁栄を築き上げてきた軌跡に重なります。

しかし、平和で豊かな生活を手にした現在、多くの日本人は、自分が何のために生きているのか、どのように生きていきたいのかを、見失いつつあるように思われます。そして、その間にも、日本国内や世界のみならず地球規模での大きな変化が日々生起し、解決すべき問題となって私たちのもとに押し寄せてきます。

このような時代に人生の確かな価値を見出し、生きる喜びに満ちあふれた社会を実現するために、いま何が求められているのでしょうか。それは、先達が培ってきた知恵を紡ぎ直すこと、その上で自分たち一人一人がおかれた現実と進むべき未来について丹念に考えていくこと以外にはありません。

その営みは、単なる知識に終わらない深い思索へ、そしてよく生きるための哲学への旅でもあります。弊所が創設五十周年を迎えましたのを機に、ＰＨＰ新書を創刊し、この新たな旅を読者と共に歩んでいきたいと思っています。多くの読者の共感と支援を心よりお願いいたします。

一九九六年十月

ＰＨＰ研究所

PHP新書